CLAIRE GOODCHILD

ORACLE DES ARCANES ASTRO

FIRST
ÉDITIONS

À Madeline Jaffe, qui m'a aidée à concrétiser ce projet.

SOMMAIRE

Qu'est-ce que l'astrologie ?

L'astrologie est la merveilleuse alliance du langage, de la psychologie, des mathématiques et de l'art. Il s'agit de l'étude de la relation que nous entretenons avec les planètes et de leur influence sur nos vies. Tandis que chaque culture possède sa propre version, l'approche employée pour ces cartes oracle et ce livre est celle de l'astrologie occidentale. Demandez à quiconque quel est son signe, et il y a fort à parier qu'il répondra par son signe solaire. Cependant, l'astrologie est bien plus qu'une rubrique dans un magazine. C'est un système complexe impliquant des planètes, des corps célestes et des points créant une carte en mouvement. Au moment de votre naissance, une photographie de cette carte est réalisée, qui est unique et n'appartient qu'à vous. Elle est connue sous le nom de **thème astral** (ou **thème de naissance**). Il détermine votre personnalité et aura une influence profonde sur votre vie.

J'ai créé ces cartes oracle de sorte que vous puissiez exploiter les archétypes de l'astrologie pour améliorer votre vie. Ne soyez pas intimidé si vous n'avez aucune connaissance en astrologie ou en interprétation d'oracle, car nous allons passer en revue les bases de l'une comme de l'autre. Chaque page consacrée à une carte détaille son rôle en astrologie, ainsi que sa signification divinatoire.

Je vous recommande de faire calculer votre thème astral par un astrologue avant d'utiliser ces cartes oracle. Il existe également de nombreux sites internet et applications qui peuvent le calculer. Cela vous apportera une compréhension plus approfondie de vous-même et ajoutera une nouvelle dimension à vos interprétations. Pour établir votre thème astral et l'interpréter, vous devez connaître votre heure de naissance exacte. Si vous ne la connaissez pas, vous pouvez demander à un astrologue de réaliser une rectification de votre thème. Cela signifie qu'il passera en revue les événements majeurs de votre existence pour déterminer votre heure de naissance la plus probable.

La façon la plus simple de commencer votre plongée dans l'astrologie est de découvrir ses principales composantes : les signes, les planètes, les maisons, les astéroïdes, les aspects et les transits. Si vous vous sentez perdu au cours de votre lecture, n'hésitez pas à vous référer au glossaire, à la fin de ce guide.

Note sur les constellations

Autrefois, les changements de saison étaient marqués par la position des constellations du zodiaque par rapport à notre position sur Terre. Depuis que l'axe de la Terre est incliné, ces marqueurs ont changé au fil du temps. Cependant, leurs noms sont restés identiques, c'est pourquoi le début de l'hiver correspond toujours au premier jour du Capricorne. J'utilise les constellations pour représenter les douze signes du zodiaque afin de rendre hommage aux principes créateurs de l'astrologie.

Interprétez votre thème astral

Quel est votre signe ?

Tout le monde a entendu cette question à un moment ou un autre. Et le signe du zodiaque que nous mentionnons est notre **signe solaire.** Mais, en réalité, vous avez de nombreux signes dans votre thème astral – un pour chaque planète et les principaux astéroïdes.

Comme vous l'avez peut-être deviné, votre signe solaire est un aspect extrêmement important en astrologie. Votre signe solaire, votre **signe lunaire** et votre **ascendant** forment ce que l'on appelle les **trois piliers.** Ils représentent les principaux aspects de votre personnalité astrologique. Envisagez-les comme des éléments fondateurs, et le reste de votre thème comme des détails de votre personnalité.

Comme votre signe solaire représente le centre de votre thème, il peut être considéré comme la meilleure version de vous-même, ou ce que votre âme aspire à être. Votre signe lunaire détermine votre moi secret, le lieu où se manifestent vos désirs émotionnels, tandis que votre ascendant correspond à votre moi extérieur, le masque que vous affichez au monde extérieur.

Lorsque les astrologues emploient le terme « **conjonction** », cela signifie généralement « le début d'une maison ». En dépit de la croyance populaire, on ne peut être deux signes solaires à la fois. Si vous êtes né au moment où le Soleil passait d'un signe à un autre, votre carte du ciel peut vous permettre de déterminer à quel signe vous appartenez.

La Lune est-elle une planète ?

Lorsqu'on découvre l'astrologie, on est souvent surpris d'apprendre que le Soleil et la Lune sont tous deux considérés comme des corps planétaires, au même titre que des planètes familières telles que Mars et Neptune. Chaque planète gouverne un signe et une maison précis.

Quelle place tiennent les maisons ?

Le thème astral est une carte circulaire divisée en plusieurs angles et sections. Les douze tranches sous forme de camembert qui figurent dans le graphique montré en exemple sont ce que l'on nomme les maisons. Chaque maison représente un domaine de notre vie. Il s'agit de thèmes universels tels que l'éducation, la famille ou la carrière professionnelle.

Un moyen simple pour comprendre ces composantes de l'astrologie est l'analogie de la course d'obstacles. On peut considérer la maison comme la course en tant que telle et les planètes comme l'outil principal que nous utilisons pour nous orienter. Quant au signe, il désigne nos aptitudes spécifiques et les traits de personnalité qui nous permettront de franchir la ligne d'arrivée.

Comment toutes ces composantes interagissent-elles ?

Pour prendre toute la mesure de l'astrologie, l'étape essentielle suivante consiste à observer les aspects. Les aspects sont les angles mathématiques entre deux planètes dans notre thème natal. Chaque signe

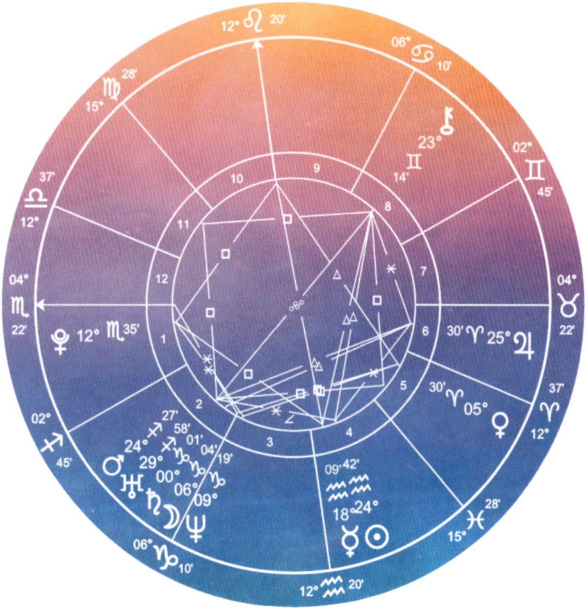

CI-DESSUS : *une exemple de thème astral.*

comporte trente degrés, et chaque aspect est porteur d'une énergie qui est soit difficile soit harmonieuse. Nous abordons plus loin les aspects de façon plus approfondie (voir p. 10).

Pourquoi certaines maisons sont-elles vides ?

Nous abordons ici la dernière partie de notre introduction à l'astrologie : les transits. Votre thème astral est une image instantanée qui reflète votre naissance, mais les planètes ne restent pas dans la même position – elles évoluent en permanence à travers les signes et les maisons. Ce mouvement est connu sous le nom de transit planétaire. Certaines planètes, comme la Lune, ne restent dans un signe que pour quelques jours, tandis que d'autres peuvent y demeurer pendant plusieurs années ! Les transits expliquent pourquoi une personne peut avoir trois planètes en Capricorne, mais aucune en Balance, tandis qu'une autre peut avoir cinq planètes en Bélier, mais seulement deux en Cancer.

Éléments, modes et polarités

Les douze signes du zodiaque comportent des concepts énergétiques, ou caractéristiques, connus comme les éléments, les modes et les polarités. Chaque signe du zodiaque correspond à une combinaison de ces trois domaines qui crée un panorama unique.

Les éléments

Les quatre éléments – le feu, la terre, l'air et l'eau – sont les quatre clés de voûte de l'astrologie occidentale et ils sont employés depuis des siècles comme une métaphore des quatre principaux piliers de la vie : l'identité, la réalité physique, le mental et l'émotion. En l'absence de n'importe laquelle de ces structures de soutien, nos fondations s'effondrent et nous cessons d'exister. Si vous observez votre thème natal et constatez qu'un élément n'est pas représenté dans vos signes, ne vous inquiétez pas ! Cet élément est présent dans votre thème sous la forme des maisons et des transits planétaires ; vous avez simplement une déficience en ce qui concerne cet élément.

Le feu

Le feu représente l'identité ou le principe spirituel et il cherche à donner naissance aux choses. C'est une énergie sociale, tournée vers l'extérieur. Elle réchauffe l'esprit et lui redonne de l'énergie, mais elle peut également devenir incontrôlable et tout brûler sur son passage.

Ceux chez qui le feu occupe une place importante dans leur thème – nommée dominance feu – sont ambitieux, maîtres d'eux-mêmes et inspirants. L'envers de la médaille est qu'ils peuvent devenir agressifs, colériques et se montrer imprudents. Ceux chez qui l'élément feu est peu présent – déficience en feu – peuvent être calmes et contemplatifs, et même parfois timides et peu indépendants.

△

Signes de feu : Bélier, Lion, Sagittaire
Maisons de feu : première, cinquième, neuvième
Mots-clés : ambitieux, entreprenant, inspiré, rayonnant, chaleureux, passionné, impatient, lunatique, autoritaire, maniaque, peu réaliste

La terre

La terre est le principe matériel ou physique qui crée une chose tangible à partir du concept de feu. La terre est une énergie de stabilité et d'ancrage qui nous apporte son soutien, mais elle peut également nous réduire en poussière en un clin d'œil.

Les individus à dominance terre sont réalistes, réfléchis et patients. Ils peuvent néanmoins avoir une tendance à l'obstination. Ceux qui sont déficients en cet élément peuvent sembler inconstants ou peu fiables et avoir du mal à se confronter à ce qui est terre-à-terre et aux routines quotidiennes.

🜃

Signes de Terre : Taureau, Vierge, Capricorne
Maisons de feu : deuxième, sixième, dixième
Mots-clés : fort, stable, déterminé, travailleur, fiable, concret, rigide, obstiné, avide

L'air

L'air est un principe intellectuel ou mental. Il ajoute pensées et idées à la forme créée par le feu et la terre. La communication, les pensées et les relations intellectuelles sont déterminées par cet élément. Son existence peut commencer comme une légère brise de rire et se transformer rapidement en tornade d'insultes, selon le sujet de conversation.

Les individus à dominance air sont loquaces, curieux et correspondent à l'archétype de l'inventeur. Trop d'air chez une personne peut l'empêcher de manifester ses nombreuses idées ; elle peut également paraître inconséquente. Un manque d'air dans le thème natal peut représenter une personne qui ne parvient pas à se laisser aller et à s'amuser. De mauvaises aptitudes à la communication peuvent également entrer en ligne de compte, ce qui entraîne un manque de confiance en soi.

🜁

Signes d'air : Gémeaux, Balance, Verseau
Maisons de feu : troisième, septième, onzième
Mots-clés : intelligent, sociable, amical, intellectuel, inventif, logique, inconstant, inconséquent, peu fiable, insensible

L'eau

La dernière clé de voûte est l'élément eau, qui est le principe lié aux émotions ou aux sentiments. Il gouverne le royaume de nos émotions. Comme vous le savez sans doute, vos sentiments peuvent varier de l'exaltation et de la joie à la tristesse et au désespoir, en passant par la colère et la frustration, et ils peuvent changer à grande vitesse.

Les individus à dominante eau cherchent une compréhension émotionnelle des choses, au niveau de l'âme. Ils sont introspectifs et apprécient les relations avec leur environnement. Ayant cependant une tendance aux sautes d'humeur, ils peuvent

🜄

Signes d'eau : Cancer, Scorpion, Poisson
Maisons de feu : quatrième, huitième, douzième
Mots-clés : émotif, compréhensif, attentionné, amour, sautes d'humeur, pessimiste, irritable

Les modes

devenir agaçants pour leurs proches lorsqu'ils se montrent trop pessimistes. Les individus ayant une déficience en eau peuvent être froids et détachés, et ainsi manquer de compassion pour ceux qui les entourent.

Les éléments ne suffisent pas à créer la richesse de caractère. Par exemple, les signes de terre que sont le Taureau, la Vierge et le Capricorne ne sont pas identiques. S'ils l'étaient, il n'y aurait que quatre signes du zodiaque, un pour chaque élément. C'est là que les modes entrent en jeu.

Les modes se divisent en trois groupes : cardinal, fixe et mutable. Chaque mode est associé à quatre signes du zodiaque, un par élément. Comme pour les éléments, une personne peut avoir une dominance dans un des trois modes.

Cardinal

Les signes cardinaux sont le Bélier, le Cancer, la Balance et le Capricorne. Ce groupe initie le changement. Ce sont les fonceurs du zodiaque. Ils lancent les projets, mais éprouvent des difficultés à les mener à bien.

Chaque signe cardinal annonce le début d'une nouvelle saison. Le Bélier signale le printemps, le Cancer amorce l'été, la Balance nous conduit dans l'automne et le Capricorne apporte l'hiver.

Fixe

Les signes fixes sont le Taureau, le Lion, le Scorpion et le Verseau. Ils sont tous liés à la stabilité et au renforcement des orientations engagées. Là où les cardinaux lancent une idée, les signes fixes entretiennent le rythme et nous permettent de rester sur la bonne voie. Le revers de la médaille étant que les signes fixes peuvent être si rigides qu'ils rejettent les contributions extérieures.

Mutable

Les fixes mutables sont les Gémeaux, la Vierge, le Sagittaire et les Poissons. Ils œuvrent à l'adaptation aux énergies qui nous entourent. Les deux premiers groupes lancent l'idée et le rythme d'exécution, puis les signes mutables déterminent les orientations nécessaires pour contourner les obstacles.

Les polarités

La dernière partie de ce panorama aborde les deux polarités. Il s'agit des caractéristiques masculines et féminines. Il est important de noter que ces deux groupes relatifs à des énergies différentes ne sont pas déterminés par le sexe ou le genre. Nous avons tous en nous ces deux énergies. N'ayez donc pas l'impression qu'elles ne s'appliquent pas à votre cas parce qu'elles sont désignées par un pronom ou un autre.

Pour comprendre les polarités, il suffit d'observer les éléments. Le feu se nourrit de l'air, ils sont donc liés. La terre a besoin d'eau pour prospérer, elles forment donc un groupe. Elles ont leurs propres interactions à l'intérieur de leur groupe (un point approfondi dans la partie consacrée aux aspects, p. 10).

Polarité masculine
Signes de feu : Bélier, Lion, Sagittaire
Signes d'air : Gémeaux, Balance, Verseau
Mots-clés : expressif, positif, logique, extraverti, énergique, agressif

Polarité féminine
Signes de Terre : Taureau, Vierge, Capricorne
Signes d'eau : Cancer, Scorpion, Poissons
Mots-clés : réceptif, négatif, intuitif, introverti, fantasque, doux

Récapitulons l'ensemble de ces informations avec l'exemple des gémeaux

Les Gémeaux sont un signe d'air, ce qui en fait des êtres intellectuels et sociables ; ils appartiennent au mode mutable, ils peuvent donc s'adapter facilement à toutes les situations ; et enfin, il s'agit d'un signe masculin, ils sont donc extravertis et expressifs.

Les aspects

Un aspect correspond à la relation entre deux planètes dans le thème astral. Tandis qu'il existe une variation liée au détail des minutes constituant un aspect, tous suivent un principe de base. Techniquement parlant, les aspects sont déterminés par le nombre de degrés qui séparent les planètes sur le cercle à 360° du thème astral. Pour voir un exemple du fonctionnement des aspects, regardez le cercle central du thème astral en page 6.

Les aspects sont divisés en deux groupes : majeur et mineur. Je n'aborderai que le groupe majeur dans ce guide. Mon objectif est de vous apporter les bases pour améliorer vos interprétations. Essayez de dessiner vous-même certains des aspects ou procurez-vous un exemplaire de votre thème astral en lisant cette partie et voyez combien d'aspects vous parvenez à trouver !

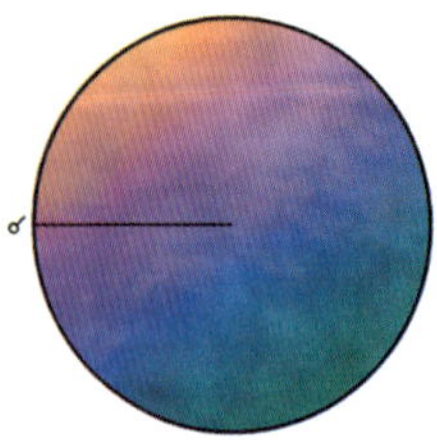

Conjonction : 0°

Une conjonction se produit lorsque deux planètes n'ont aucun degré d'écart. Elles partagent presque toujours le même signe, même s'il existe une exception à cette règle. Parfois, des planètes qui se trouvent dans un signe voisin (Bélier/Taureau, Taureau/Gémeaux, etc.) peuvent créer cet aspect si elles sont assez proches l'une de l'autre.

Les conjonctions sont un assemblage puissant de l'énergie de chaque planète. L'aspect peut être harmonique ou dissonant, en fonction des planètes.

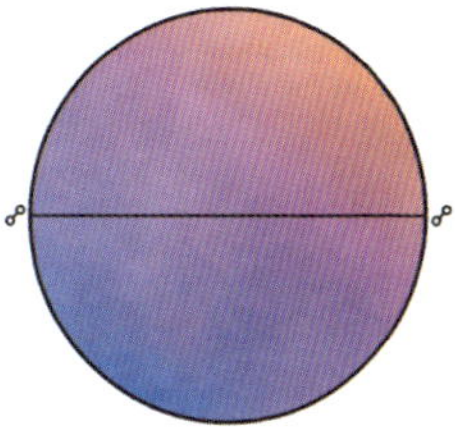

Opposition : 180°

Une opposition survient lorsque deux planètes ou points sont opposés sur la carte du ciel de naissance, ce qui correspond à 180°. C'est la confrontation de deux forces, et il peut s'agir d'un aspect éprouvant du thème. Une planète peut sembler dominante, mais être soudain supplantée par une autre, qui devient alors la force motrice de la relation.

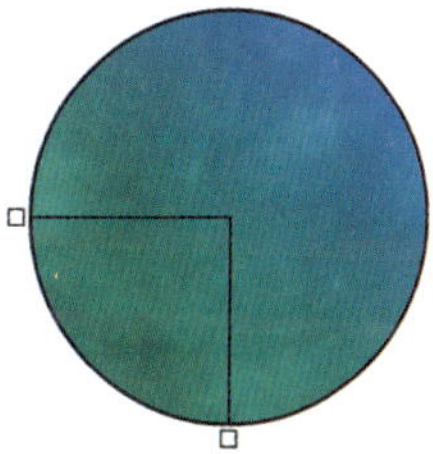

Carré : 90°

Le carré indique que deux planètes sont à 90° d'écart. Cet aspect est considéré comme difficile. Il crée une tension ou une friction entre les planètes. Ici, l'aspect positif est un carré, ce qui peut renforcer l'influence de chaque planète dans le thème.

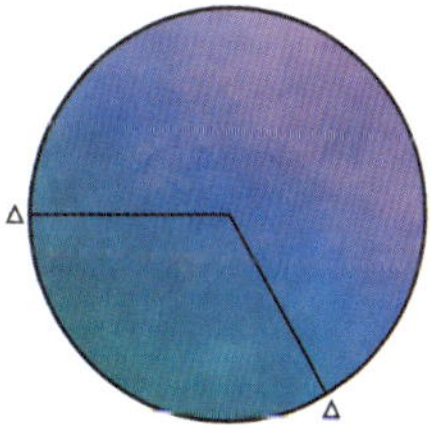

Trigone : 120°

Un trigone se forme lorsque deux planètes sont séparées de 120° ; il s'agit d'un aspect harmonieux. Les trigones sont apaisants et renforcent les qualités positives des planètes impliquées. Dans cet aspect, les planètes sont des alliées naturelles, prêtes à conquérir le monde.

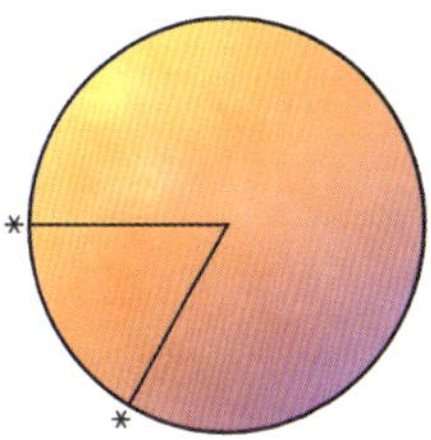

Sextile : 60°

Lorsque deux planètes sont séparées de 60°, elles forment un sextile. Il s'agit d'un autre aspect harmonieux, qui a un effet positif sur chaque planète. Considérez le sextile comme une amitié improbable, mais mutuellement bénéfique.

Utilisation des cartes oracle

Qu'est-ce qu'un jeu de cartes oracle ?

Vous avez probablement entendu parler de tarot à un moment donné, mais le mot « oracle » est moins courant. Pour l'essentiel, « oracle » est un terme qui englobe tous les jeux de cartes employés dans un but divinatoire – y compris le tarot. Tandis que le tarot correspond à un système de significations indépendantes des cartes utilisées (par exemple, le six de bâtons aura toujours le même sens), les cartes oracles sont uniques pour ce qui est de la signification de chaque carte, conçue et déterminée par le créateur du jeu.

Le principal but de l'utilisation de cartes oracles est la divination. Il ne s'agit pas de prédire l'avenir, mais plutôt de trouver des solutions à un problème donné. C'est une façon de recevoir des conseils sur des situations pour améliorer votre vie.

L'utilisation première de ces cartes est de réaliser une interprétation. Pour cela, il vous faut procéder à un tirage, qui détermine des positions dans lesquelles placer les cartes, préalablement mélangées, pour apporter une réponse à votre question. Un tirage peut tout aussi bien comporter une seule carte que plusieurs, comme dix cartes, par exemple.

Considérez ces cartes comme un outil supplémentaire dans votre arsenal d'astrologie. Il a été attribué à chacune d'elles un sens divinatoire fondé sur l'énergie qu'elles incarnent en astrologie. Plus vous aurez de connaissances en astrologie, plus vous pourrez étoffer votre interprétation. Mais ne vous découragez pas si vous êtes débutant, ce jeu de cartes Oracle est conçu pour convenir à tous.

Au moment de l'interprétation, il est utile d'avoir à portée de main un exemplaire de la carte de votre thème astral, ou des transits actuels, pour les comparer aux cartes que vous tirez.

Tirage à une carte

La façon la plus courante de procéder à une interprétation est le tirage à une carte. Il est facile et accessible et vous donne une image d'ensemble de la situation. Commencez par mélanger les cartes, face cachée. Lorsque vous êtes prêt, formulez une question en pensée, tirez une carte n'importe où dans le jeu et retournez-la.

Voici quelques exemples de questions pour vous aider à commencer.

- Quelle est l'énergie dominante qui m'entoure ?
- De quoi dois-je avoir conscience ?
- Que puis-je faire pour... ? (Par exemple : améliorer ma vie, résoudre la situation ou évoluer dans ma carrière.)

Tirage à trois cartes

Un autre tirage populaire est le tirage à trois cartes. Il est plus approfondi que le tirage à une carte, mais assez simple malgré tout pour être réalisé en toutes circonstances. Pensez au domaine de votre vie sur lequel vous souhaitez avoir des informations ou concentrez-vous sur une question. Puis choisissez le procédé d'interprétation des cartes. Mélangez les cartes, et posez-les devant vous, face cachée, de gauche à droite. Lorsque vous êtes prêt, retournez-les pour révéler la réponse. Voici quelques façons d'analyser les cartes, de gauche à droite.

- Passé, présent, avenir
- Esprit, corps, âme
- Énergie environnante neutre, positive, négative
- Situation, obstacle, conseil

Tirage astrologique

J'ai conçu ce tirage astrologique pour obtenir une vision plus globale des différents domaines de votre vie ou pour vous aider à faire face à une situation complexe. Commencez par classer vos cartes par groupes : un pour les planètes (incluez une carte de la lune et séparez-la des autres), un pour les signes du zodiaque, un pour les astéroïdes et un autre pour les maisons. Je vous recommande de vous placer face à une table pour disposer les cartes, car vous aurez besoin d'espace. Mélangez les piles de façon individuelle, tirez-en une carte, puis disposez-les face à vous, de gauche à droite.

Utilisez les cartes pour trouver les réponses aux questions suivantes :

- Quelle planète est mon guide à l'heure actuelle ?
- Quelles caractéristiques du signe du zodiaque puis-je creuser en moi pour évoluer ?
- Quel astéroïde vient soutenir la carte de la planète ?
- Dans quel domaine de ma vie (maison) la situation a-t-elle lieu ?

Guide d'étude

Si vous êtes débutant en astrologie, vous pouvez utiliser ces cartes oracle comme un guide d'étude pour vous familiariser avec les énergies et significations de chaque carte. Je vous recommande d'apprendre les planètes en commençant par les Trois Piliers, puis le reste de la carte de votre thème astral.

Prendre des notes peut être un bon moyen de vous familiariser avec les différents termes.

Voici quelques suggestions, en prenant l'exemple du Soleil.

- Mon Soleil se situe dans le signe de ……………………………………………
- Son mode, son *élément* et sa polarité sont ……………………………………………
……………………………………………
- La maison dans laquelle il réside est ……………………………………………
- Quels aspects forme-t-il avec les autres planètes ? ……………………………………………
……………………………………………

Soin des cartes

Les cartes oracle peuvent conserver notre énergie, devenir stagnantes ou parfois n'avoir aucun sens. Il est important que vous procédiez à un nettoyage énergétique de temps à autre.

Voici quelques méthodes simples de « nettoyage » des cartes.

- Placez-les sur un rebord de fenêtre et exposez-les au clair de lune pendant une nuit (n'utilisez pas la lumière du soleil, car celle-ci peut ternir ou décolorer les illustrations).
- Faites brûler de l'encens et passer les cartes au-dessus de la fumée plusieurs fois.
- Faites tinter une cloche au-dessus du jeu de cartes.
- Tapez du poing trois fois sur le jeu.
- Placez un cristal de roche sur le jeu pendant une journée.

Comme toutes les œuvres d'art, votre jeu mérite le respect. Mélangez les cartes avec soin, et conservez-les à l'abri de la poussière.

Chapitre 1

LE ZODIAQUE

L'astrologie moderne est pour l'essentiel représentée par les douze signes du zodiaque. Comme vu dans l'introduction, chaque signe est le fruit de l'association de trois composantes : un élément, un mode et une polarité. Elles créent un ensemble de traits de caractère propres à chaque signe. Le signe solaire est votre principal identifiant ; il est déterminé par votre date de naissance (même si les dates sont approximatives et changent légèrement au fil des jours et des minutes chaque année). Les autres planètes transitent par les signes à leur propre vitesse, pas aux mêmes dates chaque année, mais toujours dans l'ordre indiqué ci-dessous, à moins que l'on soit en présence d'une planète rétrograde (pour en savoir plus, voir au chapitre 2 « Les Planètes », p. 42).

LES SIGNES DE PRINTEMPS

Bélier : le Bélier

21 mars au 20 avril

Taureau : le Taureau

21 avril au 20 mai

Gémeaux : les Jumeaux

21 mai au 20 juin

LES SIGNES D'ÉTÉ

Cancer : le Crabe

21 juin au 21 juillet

Lion : le Lion

22 juillet au 22 août

Vierge : la Vierge

23 août au 22 septembre

LES SIGNES D'AUTOMNE

Balance : la Balance

23 septembre au 22 octobre

Scorpion : le Scorpion

23 octobre au 21 novembre

Sagittaire : l'Archer

22 novembre au 20 décembre

SIGNES D'HIVER

Capricorne : le Bouc

21 décembre au 20 janvier

Verseau : le Porteur d'eau

21 janvier au 18 février

Poissons : les Poissons

19 février au 20 mars

ZODIAQUE
LION ♌

Bélier

Le Bélier
21 mars au 20 avril

GLYPHE ASTROLOGIQUE : ♈ • PLANÈTE MAÎTRESSE : Mars
MAISON : première • ÉLÉMENT : feu
MODE : cardinal • SIGNE OPPOSÉ : Balance
SYMBOLES : fleurs printanières, allumettes, encens, bougie, cornes

En astrologie

Le Bélier est le premier signe du zodiaque ; il est animé d'un fort désir d'être indépendant et maître de soi. Ce signe n'est certainement pas de ceux qui restent les bras croisés en attendant que les autres prennent les rênes. Le Bélier tente de s'imposer, bénéfique dans certaines situations, beaucoup moins quand il est inexpérimenté dans un domaine.

Apprendre à tempérer l'enthousiasme par une saine dose de patience est la clé de l'évolution du Bélier. Un manque de réserve peut engendrer agressivité et autoritarisme ; mais trop de réserve, et le Bélier peut perdre sa passion et son esprit d'entreprise.

La zone que le Bélier occupe dans notre thème astral montre le lieu où nous passons à l'action.

Dans un tirage

Considérez cette carte comme un appel à l'action. Le Bélier vous tend une étincelle et il est de votre ressort de la transformer en feu. Ce processus devrait être excitant et positif, assurez-vous donc de ne pas gaspiller cette énergie dans un projet qui ne vous motive pas totalement.

Si vous vous êtes senti apathique et peu inspiré, sachez que la situation est sur le point de changer. De nouvelles opportunités et un regain d'énergie se profilent à l'horizon, dans un avenir proche. Profitez des moments de calme, car votre vie est sur le point de s'embraser.

MOTS-CLÉS : intensité, persévérance, indépendance, enthousiasme, autorité, action

ZODIAQUE
BÉLIER ♈

ZODIAQUE
TAUREAU ♉

Taureau

Le Taureau
21 avril au 20 mai

GLYPHE ASTROLOGIQUE : ♉ • PLANÈTE MAÎTRESSE : Vénus
MAISON : deuxième • ÉLÉMENT : terre
MODE : fixe • SIGNE OPPOSÉ : Scorpion
SYMBOLES : saphir, tulipe, violette, rose, pièces

En astrologie

Le second signe du zodiaque est le majestueux Taureau, qui est aussi fort et entêté que son nom le suggère. Sa nature cartésienne apprécie la beauté, la simplicité et le plaisir, mais il peut rapidement glisser vers la possessivité et les excès.

Le Taureau a besoin d'apprendre à apprécier la sécurité et le confort, sans devenir trop matérialiste. Même s'il est calme en apparence, il peut charger sans crier gare, blessant ceux qui se trouvent sur son chemin.

Dans votre thème astral, le Taureau indique que vous êtes aimant et avez des qualités artistiques, grâce à Vénus, votre planète maîtresse. Signe fixe, il vous confère aussi un esprit méthodique et pratique. Il révèle également que vous avez un besoin viscéral de stabilité dès lors qu'il est question d'argent et de possessions.

Dans un tirage

Le Taureau rappelle qu'il n'y a rien de mal à avoir besoin de confort et à se faire plaisir de temps à autre. Il indique que des dépenses pour vous-même sont possibles, tant que vos responsabilités restent une priorité. Mais il est bon de se rappeler que le plaisir n'est pas nécessairement coûteux. Un livre emprunté à la bibliothèque vous apportera autant de satisfaction que si vous l'aviez acheté. Les fleurs ramassées dans un jardin sentent aussi bon que celles que l'on trouve chez un fleuriste.

Si vous avez eu tendance à trop vous raccrocher à vos ressources, le moment est idéal pour investir un peu sur votre avenir. Le meilleur moyen est d'ouvrir un compte d'épargne. Cela satisfera votre besoin de posséder, tout en vous aidant à créer un filet de sécurité pour l'avenir.

MOTS-CLÉS : sécurité, cartésien, beauté, art, entêté, force

Gémeaux

Les Jumeaux
21 mai au 20 juin

GLYPHE ASTROLOGIQUE : Ⅱ • PLANÈTE MAÎTRESSE : Mercure
MAISON : troisième • ÉLÉMENT : air
MODE : mutable • SIGNE OPPOSÉ : Sagittaire
SYMBOLES : plumes, plantes, oiseaux

En astrologie

Troisième signe et premier signe d'air du zodiaque, les Gémeaux, symbolisés par des Jumeaux, apportent le meilleur et le pire des qualités de cet élément. Étant tour à tour merveilleusement inquisiteurs et sournoisement espiègles, les Gémeaux sont tout sauf calmes et sereins.

Dans votre thème astral, les Gémeaux peuvent indiquer les domaines dans lesquels vous vous montrez intellectuel, spirituel et sociable. Les jumeaux gouvernent les secteurs où vous êtes amené à partager votre opinion et vos connaissances et où vous possédez les qualités nécessaires pour vous adapter. Il est important que les Gémeaux apprennent à se concentrer sur une tâche à la fois, pour éviter de paraître inconstants ou peu sincères. Les Gémeaux veulent contribuer à tous les sujets et discussions, mais renoncent dès lors que cela demande du travail.

Dans un tirage

Votre capacité à vous adapter aux situations nouvelles est votre plus grande force à l'heure actuelle. Une vague de changements vous attend. Même si parfois vous n'avez pas l'impression de progresser, c'est pourtant le cas. Dans certains cas, l'objectif consiste juste à se maintenir à flot, et pas d'aller d'un point A à un point B.

Vous aurez besoin de vous appuyer sur votre réseau social et votre savoir-vivre dans un avenir proche pour parvenir à vos fins. Les Gémeaux sont donc là pour vous donner un coup de pouce. Évaluez vos relations. Les entretenez-vous ? Leur apportez-vous quelque chose ou vous contentez-vous de recevoir ? Ces interactions sont importantes dans l'esprit des gens.

MOTS-CLÉS : inquisiteur, espiègle, sociable, esprit, intelligence, dogmatique, dualité

ZODIAQUE
GÉMEAUX ♊

ZODIAQUE
CANCER ♋

Cancer

Le Crabe
21 juin au 20 juillet

GLYPHE ASTROLOGIQUE : ♋ • PLANÈTE MAÎTRESSE : Lune
MAISON : quatrième • ÉLÉMENT : eau
MODE : cardinal • SIGNE OPPOSÉ : Capricorne
SYMBOLES : coquillages, perles, pierre de lune, saule, sable

En astrologie

Le lieu où le Cancer apparaît dans votre thème astral indique l'endroit où votre instinct maternel se manifeste. L'objectif de ce signe est que les choses soient « justes », car il est lié aux blessures du passé. Prendre soin de ces blessures est partie intégrante de la mission du Cancer tout au long de notre existence.

Gouverné par la Lune, il est directement associé aux questions d'ordre émotionnel, qui sont exprimées à l'intérieur ou à l'extérieur. L'extériorisation des émotions a lieu lorsque le Cancer se sent assez en confiance pour partager ses sentiments, positifs comme négatifs. L'intériorisation a lieu lorsque le Cancer se retire dans sa coquille et refuse de communiquer dans un but d'auto-préservation.

Dans un tirage

Le Crabe vous demande de sortir de votre coquille et d'accepter d'être vulnérable quant à vos émotions. Vous pouvez très bien conserver votre armure si vous avez besoin de vous isoler, mais ces premiers pas sont importants pour votre évolution.

Prendre soin de soi ne se limite pas à prêter attention à son apparence extérieure, mais demande vulnérabilité et créativité. La voie de la tranquillité n'est pas une ligne droite. Parfois, vous devez faire quelques pas de côté et observer vos sentiments ou ceux des autres. Résistez simplement à l'envie irrépressible d'agir de façon offensive. L'invective peut vous procurer un sentiment d'auto-préservation, mais en définitive, vous ne ferez que blesser les personnes auxquelles vous tenez.

MOTS-CLÉS : soins, mère, protéger, tendre, réceptif, fragile, lunatique, rancune, réprimer

Lion

Le Lion
22 juillet au 22 août

GLYPHE ASTROLOGIQUE : ♌ • PLANÈTE MAÎTRESSE : Soleil
MAISON : cinquième • ÉLÉMENT : feu
MODE : fixe • SIGNE OPPOSÉ : Verseau
SYMBOLES : fleurs jaunes, chat, flammes, paon, citrine, ambre

En astrologie

Le rugissement du Lion signale l'arrivée de notre cinquième signe. Les qualités de leader, le courage et l'honnêteté sont les traits que l'on trouve chez le Lion lorsqu'il adopte un état d'esprit positif. Mais s'il tombe dans le pessimisme, son énergie peut basculer dans l'orgueil, l'exigence et la rigidité. C'est une leçon à laquelle il sera confronté tout au long de sa vie.

Dans notre thème astral, le Lion peut nous indiquer la sphère dans laquelle nous exprimons l'énergie créative, la confiance et la détermination. La maison dans laquelle il se situe nous montre dans quel domaine nous avons des aptitudes au commandement et nous donne de l'assurance pour endosser ce rôle.

Dans un tirage

L'apparition du Lion signifie qu'il est temps de vous enorgueillir de vos accomplissements. Vous êtes sous le feu des projecteurs et vous l'avez mérité, soyez-en donc fier. Sans pour autant vous montrez trop orgueilleux, un peu d'ego signale aux autres que vous connaissez votre valeur. Vous ne devriez pas jouer le second rôle du film de votre propre vie, mais en être le héros.

Souvenez-vous toujours que si vous êtes enfin reconnu, certains sont encore sur le bord de la route, attendant que vous échouiez. C'est la triste réalité. Alors, restez sur vos gardes ! Si vous trébuchez, gardez la tête haute.

MOTS-CLÉS : fierté, ego, reconnaissance, créativité, confiance, détermination, qualités de leader

ZODIAQUE
LION ♌

ZODIAQUE
VIERGE ♍

Vierge

La Vierge
23 août au 22 septembre

GLYPHE ASTROLOGIQUE : ♍ • PLANÈTE MAÎTRESSE : Mercure
MAISON : sixième • ÉLÉMENT : terre
MODE : mutable • SIGNE OPPOSÉ : Poissons
SYMBOLES : romarin, armoise, lavande, citron, agate mousse

En astrologie

La Vierge est probablement le signe le plus incompris du zodiaque. Il est souvent décrit avec des adjectifs stricts et froids, tels qu'analytique, stérile et organisé. Mais la Vierge peut tout aussi bien se montrer attentionnée, protectrice et dévouée. Le malentendu provient de son incapacité à exprimer ces derniers traits comme le fait le reste du zodiaque (enfin, hormis le Verseau).

Dans votre thème astral, la Vierge nous montre dans quel domaine nous avons grand besoin de nous servir nous-mêmes, ainsi que les autres. C'est une forme d'expression de soi qui est souvent négligée car considérée comme terre-à-terre, alors que c'est loin d'être le cas. Si la Vierge se trouve dans votre onzième maison, vous prenez sans doute soin de vos amis comme le ferait une mère. Si Vénus est dans la Vierge dans votre thème, vous avez peut-être un sens artistique très développé, mais avez des difficultés à négliger les imperfections dans votre travail, ce qui ne rend pas service à votre art. Les personnes du signe de la Vierge doivent prendre garde à ne pas laisser les gens tirer avantage de leur propension à rendre service et pourraient gagner à fixer des limites.

Dans un tirage

La Vierge signifie que le temps est venu de régler toutes les questions en suspens dans votre vie. Les projets non aboutis ont besoin d'être menés à terme, et les gens qui ne vous apprécient pas à votre juste valeur doivent être écartés. Vous devez aussi rappeler vos limites aux membres de votre famille qui ne les respectent pas. Accordez la priorité à vos propres besoins, avant de penser à qui que ce soit.

La Vierge est peut-être là pour vous montrer comment vous exprimer de façon constructive. N'attendez pas qu'il soit trop tard pour dire aux autres ce que vous ressentez. Laisser la rancune s'accumuler jusqu'à ce qu'elle explose est malsain et a des effets dévastateurs.

MOTS-CLÉS : dévoué, organisé, priorités, constructif, limites

Balance

La Balance
23 septembre au 22 octobre

GLYPHE ASTROLOGIQUE : ♎ • PLANÈTE MAÎTRESSE : Vénus
MAISON : Septième • ÉLÉMENT : air
MODE : cardinal • SIGNE OPPOSÉ : Bélier
SYMBOLES : balance, couteau, dentelle, argent (métal), roses blanches, couleur rose pâle, pierres de couleur crème

En astrologie

La Balance, signe d'air, est le second signe gouverné par Vénus et le septième du zodiaque. Connu pour une excellente disposition charmeuse et pour la stimulation intellectuelle, ce signe peut facilement s'adapter à n'importe quelle situation sociale.

Les personnes du signe de la Balance discernent les deux aspects de n'importe quel débat ou discussion, ce qui leur permet d'être de bons modérateurs, même dans leurs propres conflits. Ils sont également sujets à se faire l'avocat du diable simplement pour le plaisir, ils peuvent ainsi involontairement blesser les personnes auxquelles ils tiennent.

Le mélange de confiance, de beauté et d'esprit est un numéro d'équilibriste délicat, mais la Balance semble le maîtriser à la perfection, comme aucun autre signe. Cela peut facilement le faire basculer dans l'arrogance et la Balance serait bien inspirée de faire preuve de temps à autre d'une dose d'humilité.

Dans un tirage

La Balance vous rappelle avec douceur de gérer les conflits avec tact et sang-froid. Parfois, vous devez travailler avec quelqu'un que vous n'appréciez pas en particulier, mais si vous gardez l'esprit ouvert, vous découvrirez peut-être que vous partagez les mêmes objectifs, ou du moins que vous pouvez travailler ensemble de façon amicale.

En astrologie, il est souvent question de trouver un équilibre entre vos besoins et vos désirs, discerner les énergies en jeu. Mais en présence de la Balance, il est encore plus crucial que vous pesiez bien les deux aspects de la situation. Ce n'est pas le moment de prendre des décisions irréfléchies.

MOTS-CLÉS : diplomatie, équilibre, charmeur, confiance, sociable

ZODIAQUE
BALANCE ♎

ZODIAQUE
SCORPION ♏

Scorpion

Le Scorpion
23 octobre au 21 novembre

GLYPHE ASTROLOGIQUE : ♏ • PLANÈTE MAÎTRESSE : Pluton
MAISON : huitième • ÉLÉMENT : eau
MODE : fixe • SIGNE OPPOSÉ : Taureau
SYMBOLES : scorpion, feuilles d'automne, os, vanille

En astrologie

Après la Balance vient le signe mystique du Scorpion. Ce signe est souvent injustement dépeint comme un psychopathe obsédé par le sexe, uniquement en raison de la puissance qui émane de lui. Nous voyons beaucoup de forces primales se manifester de façon extrêmes chez le Scorpion. Passion, colère, amour, ce sont toutes les énergies que le Scorpion ne parvient pas à réprimer ou à gérer.

Né en pleine période des fêtes comme Halloween et gouverné par Pluton, le Scorpion est le signe le plus associé à la mort. Cela lui permet de gérer les aspects pesants de l'existence, mais il se débat avec le quotidien et certains domaines plus légers. Il voit ce que les autres ne voient pas. Dès qu'il prend conscience que c'est un don, il le transforme en force du bien.

Dans un tirage

Dans un tirage, le Scorpion signifie qu'il est temps de contrôler vos émotions – et en particulier vos sautes d'humeur. Il est tout à fait sain d'éprouver de la colère, mais pas de ruminer jour après jour. Vous n'avez pas à vous imposer cela. Ne méritez-vous pas de connaître le bonheur ?

Si vous avez des difficultés à faire le premier pas pour changer votre vie, le Scorpion est un heureux présage. Laissez les mauvaises habitudes et les pensées négatives mourir de leur belle mort. Ainsi, vous créerez l'espace nécessaire pour la naissance du nouveau et du mieux. C'est une opportunité, et lorsque vous l'acceptez, le monde s'ouvre à vous.

MOTS-CLÉS : mort, renaissance, présages, mystère, transformation

Sagittaire

L'Archer
22 novembre au 20 décembre

GLYPHE ASTROLOGIQUE : ♐ • PLANÈTE MAÎTRESSE : Jupiter
MAISON : neuvième • ÉLÉMENT : feu
MODE : mutable • SIGNE OPPOSÉ : Gémeaux
SYMBOLES : fleurs rouges, sauge, livres, bois du cerf, cheval

En astrologie

Le Sagittaire est le neuvième signe du zodiaque. Il s'intéresse aussi bien à des sujets intellectuels que plus matériels, ce qui en fait une personne capable de s'adapter. Il éprouve le besoin de comprendre ce qui l'entoure. Il serait utile pourtant au Sagittaire d'accepter qu'il ne peut pas tout apprendre. Mais le seul fait de le lui dire peut entraîner chez lui un débordement émotionnel.

Dans votre thème astral, le Sagittaire indique le domaine dans lequel vous brûlez de participer à la marche du monde. Cela peut entraîner un intérêt pour la religion ou la participation à une dynamique de groupe. Par exemple, lorsque le signe du Sagittaire est en Mars, les cours collectifs de fitness pourraient vous convenir. Le transit de Pluton en Sagittaire peut déclencher un besoin impérieux de comprendre votre propre mortalité.

Dans un tirage

Il est important d'avoir des centres d'intérêt et des passe-temps pour être une personne épanouie. Lorsque nous nous sentons insatisfaits sur le plan intellectuel ou physique, nous pouvons devenir irritables et collants ou devenir pesants pour les gens qui nous entourent. Dressez une liste de toutes les choses que vous avez toujours voulu apprendre ou auxquelles vous aimeriez participer et réduisez-la à trois choix principaux… puis faites-les.

Cependant, attention à ne pas trop vous éparpiller entre de trop nombreux engagements. Le Sagittaire, même s'il a une grande faculté d'adaptation, ne peut maintenir ce rythme trop longtemps sans s'épuiser.

MOTS-CLÉS : optimisme, exploration, connaissance, engagement, religion, recherche, collant, irritable

ZODIAQUE
SAGITTAIRE ♐

ZODIAQUE
CAPRICORNE ♑

Capricorne

La Chèvre (ou le Capricorne)
21 décembre au 20 janvier

GLYPHE ASTROLOGIQUE : ♑ • PLANÈTE MAÎTRESSE : Saturne
MAISON : dixième • ÉLÉMENT : terre
MODE : cardinal • SIGNE OPPOSÉ : Cancer
SYMBOLES : pierres et minéraux noirs, bois, papier

En astrologie

Le Capricorne est le dixième signe du zodiaque. Il est axé sur la réussite, le respect et le pouvoir. Il est souvent dépeint comme une personne insensible et opportuniste. Tandis que ces comportements peuvent se manifester lorsqu'il est d'humeur sombre, il est en réalité très attentionné et n'hésite pas à encourager ses proches face à l'adversité.

Dans votre thème astral, le Capricorne vous montre les domaines dans lesquels vous avez une ambition raisonnable. Vous avez très envie de réussir, et pour y parvenir vous vous organisez et procédez par étape. Il est possible que la motivation du Capricorne soit initiée par l'insécurité, cette partie de notre thème astral peut également montrer la sphère dans laquelle nous nous sommes sentis défaillants dans l'enfance.

Dans un tirage

Le Capricorne apparaît souvent là où vous subissez de fortes pressions pour réussir, ce qui peut réellement assombrir notre personnalité. Bien canalisée, cette énergie peut être très efficace pour obtenir ce que vous voulez : prenez donc un papier et un stylo et notez les étapes qui vous permettront d'arriver à vos fins. Soyez réaliste tout en gardant à l'esprit que croire en vous est l'étape la plus importante de ce processus.

Si vous avez travaillé dur sans constater la moindre évolution, prenez un peu de recul et évaluez votre méthode. Peut-être devez-vous changer vos habitudes et assigner certaines tâches à des jours précis pour qu'elles bénéficient de toute votre attention. Ne vous inquiétez pas, vous atteindrez vos objectifs.

MOTS-CLÉS : détermination, travailleur, logique, concentration, respect, insensibilité, manque d'assurance

Verseau

Le Porteur d'eau
21 janvier au 18 février

GLYPHE ASTROLOGIQUE : ♒ • PLANÈTE MAÎTRESSE : Uranus
MAISON : onzième • ÉLÉMENT : air
MODE : fixe • SIGNE OPPOSÉ : Lion
SYMBOLES : argent (métal), orchidée, sorbier, instruments scientifiques

En astrologie

Le Verseau est le onzième signe. Il est le grand humaniste du zodiaque. De nature rebelle, il éprouve le besoin de restructurer la société de sorte qu'elle bénéficie au plus grand nombre. Cela est si important pour lui qu'il peut devenir trop enthousiaste et tyrannique. Même si le Verseau est un signe sociable, il se sent plus à l'aise lorsqu'il est seul. Il peut paraître détaché et distant, mais si vous touchez un point sensible, vous sentirez les foudres de son caractère bien trempé.

Dans votre thème astral, le Verseau peut indiquer les domaines dans lesquels vous faites preuve d'entêtement, ou dans lesquels vous cherchez l'originalité. Il incarne la pensée novatrice. Les transits planétaires dans ce signe font bouger les choses de façon inventive.

Dans un tirage

Lorsque le Verseau apparaît dans un tirage, il vous incite à vous retrancher en vous. Trop souvent, nous absorbons et intériorisons les émotions et névroses d'autrui. Il est temps que vous vous en débarrassiez. Mettez votre téléphone en mode avion pendant une semaine entière et passez des vacances chez vous.

L'apparition du Verseau peut également signifier qu'il est temps de vous lâcher et de mettre un peu de folie dans votre vie. On vous donne l'opportunité d'être aussi fou et imprévisible que vous le souhaitez. Si vous êtes une personne peu habituée à prendre des risques, c'est l'occasion de vivre de nouvelles expériences. Jetez-vous à l'eau – l'heure n'est pas aux demi-mesures !

MOTS-CLÉS : invention, rébellion, humaniste, sociabilité, originalité, fort caractère, froid, névrosé

ZODIAQUE
VERSEAU ♒

ZODIAQUE
POISSON ♓

Poissons

Le Poisson
19 février au 20 mars

GLYPHE ASTROLOGIQUE : ♓ • PLANÈTE MAÎTRESSE : Neptune
MAISON : douzième • ÉLÉMENT : eau
MODE : mutable • SIGNE OPPOSÉ : Vierge
SYMBOLES : coquillages, eau, poisson, corail, étoile de mer, lys

En astrologie

Les Poissons représentent le dernier signe et le plus insaisissable du zodiaque. Si vous avez déjà essayé d'attraper un poisson à mains nues, alors vous savez à quelle vitesse il peut s'échapper. Mais avec un peu de patience, un poisson pourra nager jusqu'à vous. Les Poissons n'agissent pas ainsi de façon délibérée, la profondeur de leurs émotions est étrangère à beaucoup d'entre nous et ils ont besoin de temps pour s'ouvrir. Parfois d'une sensibilité exacerbée, les Poissons peuvent se fermer pour gérer leurs émotions de façon assez malsaine.

Lorsqu'une planète transite dans le signe des Poissons, la situation peut devenir irréelle et mystique, comme si tout s'entourait d'un léger brouillard. Les choses ne sont pas révélées dans leur intégralité et un temps de réflexion émotionnelle est nécessaire pour se remettre sur la bonne voie.

Dans votre thème astral, les Poissons indiquent le lieu propice à l'introspection, au développement émotionnel et à l'appréciation de la beauté du monde ordinaire.

Dans un tirage

Les sentiments partagés pourraient être un thème récurrent pour vous. Les Poissons reconnaissent cette confusion et cette carte vous rappelle de ne pas prendre de décision irréfléchie. Lorsque vous êtes confronté à un problème, vous pouvez être tenté d'opter pour le premier choix qui s'offre à vous, pour agir à tout prix, mais ce serait imprudent. Faites un peu d'introspection et lorsque vous serez prêt à prendre une décision, vous ferez le bon choix.

La présence des Poissons peut également signifier que vous êtes trop sensible et que vous imaginez des problèmes. Que vous surinterprétiez les commentaires d'autrui à votre encontre ou que vous ayez du mal à gérer vos émotions envers les autres, ces situations doivent être gérées avec grâce.

MOTS-CLÉS : grâce, esquive, émotion, confusion, mysticisme, irréalité, réflexion, hypersensibilité

Ascendant

Le Masque

En astrologie

Le dernier des « trois piliers » est l'Ascendant. Dans le thème astral, il figure toujours dans la première maison (voir p. 70). Le signe du zodiaque dans lequel il se trouve est déterminé par celui qui était « en ascension » à l'horizon Est au moment de votre naissance.

L'ascendant représente ce qui est connu comme notre « masque social ». Certes, le terme « masque » implique quelque chose de frauduleux, cependant l'Ascendant joue un rôle déterminant dans notre moi profond et notre personnalité. Il détermine la façon dont nous sommes perçus par autrui et interagissons avec le monde.

Un bon moyen de comprendre le rôle joué par l'Ascendant consiste à imaginer toutes les subtilités de notre thème astral comme différentes parties mouvantes, la vocation de l'ascendant étant de les mettre en forme pour que les autres puissent les voir et interagir avec celles-ci.

Dans un tirage

Lorsque l'Ascendant apparaît dans un tirage, il vous conseille d'être le plus authentique possible. Vous avez tant à offrir au monde et vous ne devriez pas avoir honte de qui vous êtes. N'attendez pas que votre vie ici-bas soit presque achevée pour commencer à vivre réellement.

Tout au long de notre existence, nous rencontrons tous des gens qui ne nous aiment pas. Il est inutile de leur accorder la moindre attention. Consacrez votre énergie à votre évolution personnelle. Les bonnes personnes pour vous, à ce moment précis de votre cheminement, vous trouveront.

MOTS-CLÉS : authenticité, masque, cheminement, vie, filtre, expression, interactions

ZODIAQUE
ASCENDANT

Chapitre 2

LES PLANÈTES

En astrologie, les planètes représentent les aspects psychologiques de la condition humaine. Elles sont renforcées par le signe du zodiaque dans lequel elles se trouvent. Chaque planète possède sa propre fonction perpétuelle. Dans votre thème astral, celles qui sont les plus importantes sont le Soleil et la Lune. Ce sont deux des trois grands piliers.

Les planètes sont regroupées en deux catégories : les **planètes intérieures** et les **planètes extérieures**. Les planètes intérieures sont plus personnelles, tandis que les planètes extérieures sont partagées par toute une génération en raison de leur déplacement lent.

Chaque planète traverse les douze signes du zodiaque à sa propre allure et passe par une phase appelée **rétrograde.** Un rétrograde est l'endroit où une planète semble se déplacer à reculons, en raison de notre point de vue terrestre. Nous savons qu'elles ne se déplacent pas toutes à reculons dans le ciel, mais au niveau spirituel, oui, représenté par un mouvement inversé à travers les signes. Tandis que chaque planète rétrograde est porteuse de leçons et de défis spécifiques aux qualités de chaque planète, elles ont en commun le thème de la « revisitation ».

Toutes les planètes n'atteignent pas le signe précédent lorsqu'elles sont en phase rétrograde (en fonction de leur vitesse, ou durée rétrograde, qui est variable selon les planètes), mais toutes y parviennent à un moment donné. Seuls le Soleil et la Lune n'ont pas de phase rétrograde.

Chaque planète gouverne un ou plusieurs signes spécifiques. Ce guide utilise l'usage moderne de domicile des planètes. Avant la découverte des planètes extérieures, le Scorpion était gouverné par Mars, le Verseau par Saturne et les Poissons par Jupiter.

SOLEIL : gouverne le Lion
Passe moins de 30 jours dans un signe

LUNE : gouverne le Cancer
Passe moins de 2 jours et demi dans un signe

MERCURE : gouverne les Gémeaux et la Vierge
Passe 11 à 30 jours dans un signe

VÉNUS : gouverne le Taureau et la Balance
Passe 23 jours à 2 mois dans un signe

MARS : gouverne le Bélier
Passe moins de 1 mois et demi dans un signe

JUPITER : gouverne le Sagittaire
Passe moins de 1 an dans un signe

SATURNE : gouverne le Capricorne
Passe moins de 2 ans et demi dans un signe

URANUS : gouverne le Verseau
Passe moins de 7 ans dans un signe

NEPTUNE : gouverne les Poissons
Passe moins de 14 ans dans un signe

PLUTON : gouverne le Scorpion
Passe de 14 à 30 ans dans un signe

PLANÈTES
PLEINE LUNE ○

PLANÈTES
SOLEIL ☉

Soleil

L'Ego

GLYPHE ASTROLOGIQUE : ☉
GOUVERNE : le Lion • MAISON : cinquième • ÉLÉMENT : feu
SYMBOLES : tournesol, bougie, or, ambre, lion

En astrologie

Le Soleil est la composante la plus importante et la mieux connue de nos trois piliers (voir p. 94.) Il représente notre identité fondamentale. Commençant par cet aspect clé de notre personnalité, c'est à partir de celui-ci que le reste des planètes construisent une image complète de nous-mêmes. Nous sommes définis par notre thème astral. Le Soleil est la première étape qui donne naissance à celui-ci.

Cette magnifique masse de feu entraîne toutes les autres planètes dans son sillage par l'attraction gravitationnelle qu'elle exerce. Sans elle, nous cessons d'exister. Cette conscience de notre mortalité nous permet de développer notre ego, qui détermine nos principales motivations dans l'existence. L'ego souhaite évoluer vers quelque chose de grand. Il a un objectif à atteindre, dessiné par les caractéristiques de notre signe solaire.

Lorsque nous vivons en alignement avec notre Soleil, nous éprouvons un calme intérieur. Un état affaibli peut entraîner un manque de confiance en soi et de vigilance, un état excessif peut nous rendre égocentriques et destructeurs.

Dans un tirage

Le Soleil est la carte la plus attendue et joyeuse du jeu. Son éclat et sa chaleur vous apportent la confiance nécessaire à l'émergence du meilleur de vous-même. À partir de là, tout est possible. Il vous rappelle que vos qualités les plus exceptionnelles sont là depuis toujours – vous aviez juste besoin qu'une lumière éclaire vos recoins les plus sombres.

Néanmoins, un excès de Soleil peut être dangereux. Il peut parfois contrarier d'autres aspects de votre nature. Il peut les effacer et les brûler. Vous pouvez penser ainsi qu'ils pourraient mourir, mais ce n'est pas le cas. La vie est résiliente, et les traces laissées par celle-ci ne tardent pas à renaître. Même lorsque le Soleil vous blesse, vous devez vous rappeler que, sans lui, vous n'existeriez pas. Vous pouvez vous mettre à l'ombre lorsque vous avez besoin de soulagement, mais ne vous cachez pas trop longtemps, car vous risqueriez de manquer une opportunité en or.

MOTS-CLÉS : ego, plaisir, joie, confiance, détermination, éclat, force, objectif, pensée positive

Lune

Le Guide

GLYPHE ASTROLOGIQUE : ☽

GOUVERNE : le Cancer • MAISON : quatrième • ÉLÉMENT : eau

SYMBOLES : sélénite, quartz (blanc & fumé), jasmin, lys, argent (métal), loup, chauve-souris

En astrologie

La seconde composante de nos trois piliers (voir p. 94) est la Lune. Cette zone de votre thème astral gouverne l'inconscient, également appelé notre « moi intérieur ». Le moi intérieur est le lieu où résident les désirs, l'intuition et les habitudes.

Votre évolution est contrôlée par cette planète. Les expériences passées façonnent et forgent vos réactions émotionnelles en fonction des traits du signe du zodiaque dans lequel réside votre Lune. Ces réactions ont besoin d'être en permanence réévaluées et repensées, ce qui demande beaucoup de travail. Il n'est pas facile d'affronter les parties de vous-même qui vivent dans l'ombre. Vous complaire dans une mauvaise conduite, les sautes d'humeur et l'insécurité sont des signes que vous négligez cette tâche. Lorsque vous agissez en accord avec ce que souhaite votre Lune, vous vous sentez plus calmes, légers et plus résistants.

La Lune traverse huit phases au cours de son cycle de vingt-sept jours et demi, passant d'une phase à l'autre tous les trois jours et demi. De plus, la Lune ne reste pas dans le même signe pendant ce cycle et évolue dans le zodiaque, changeant de signe tous les deux jours et demi.

Nouvelle Lune

Dans un tirage

Cette phase représente le point de départ du cycle lunaire. Pendant une Nouvelle Lune, le subconscient et le conscient se trouvent sur le même plan, ce qui signifie que vous devriez vous concentrer sur vos aspirations et vos désirs. Si vous plantez une graine, elle poussera.

Considérez la Nouvelle Lune comme une page blanche qui vous permet de contrôler l'histoire. Que souhaitez-vous plus que tout ? Cela peut également être une période d'incertitude et d'insécurité car vous ne voyez pas le reflet de la Lune.

MOT-CLÉ : commencement

Lune croissante

Dans un tirage

La Lune commence à se montrer. Sous la surface, dans la terre, les racines des graines que vous avez plantées commencent à émerger et à se renforcer.

L'évolution peut être divisée en deux parties : les obstacles, qui sont les habitudes négatives héritées du passé ; les actes, qui sont les changements entrepris pour parvenir à l'alignement. Cela signifie que concentrer votre énergie sur ce que vous souhaitez accomplir est une façon de prendre soin de vous. Résistez simplement à l'envie impérieuse de trop arroser votre jardin si vous ne voulez pas faire pourrir les racines.

MOT-CLÉ : initiative

Premier Quartier de Lune

Dans un tirage

Au Premier Quartier de Lune, les tiges et feuilles que vous créez commencent à prendre leur véritable forme. Votre intuition se renforce chaque jour. Il est donc d'une importance capitale que vous ayez foi en vous-même pour passer à l'étape suivante. Vous possédez déjà les réponses que vous cherchez.
Tandis que la Lune croît, il peut en aller de même pour les pensées obsédantes et les doutes. La Lune va poursuivre son cycle, que vous l'accompagniez ou non. Alors autant aller de l'avant !

MOT-CLÉ : évolution

Lune Gibbeuse Croissante

Dans un tirage

La Lune Gibbeuse Croissante est liée à l'attention aux moindres détails d'une situation. Les fleurs sont en pleine floraison, mais elles nécessitent malgré tout votre attention. Appréciez la beauté, mais surveillez votre jardin, ou il pourrait être infesté de pucerons.

Si vous n'avez récemment pas été à la hauteur, cette carte vous rappelle, de manière amicale, que vous avez une chance de reprendre les choses là où vous les aviez laissées. Essayer de tricher ou de brûler les étapes peut s'avérer payant sur le court terme, mais ces raccourcis sont toujours découverts par la suite.

MOT-CLÉ : perfectionner

Pleine Lune

Dans un tirage

Vous avez atteint l'illumination avec cette phase. Tout ce pour quoi vous avez œuvré est à son apogée. C'est maintenant que vous prenez conscience que vous n'êtes qu'à mi-chemin de votre parcours. Ce qui monte doit également descendre.

Le positif ne peut survivre sans le négatif. Cela fait partie de la vie. La plante que vous avez fait pousser ne tardera pas à se décomposer, puis à mourir – et cela n'a pas d'importance. C'est un processus normal.

Voir et reconnaître nos erreurs est la meilleure chose que nous puissions faire pour évoluer. Tandis qu'il peut être douloureux de voir nos points faibles, les admettre leur ôte de la puissance.

MOT-CLÉ : clarté

Lune Gibbeuse Décroissante

Dans un tirage

Tandis que la Lune décroît, vous pouvez, d'un côté, éprouver l'envie impérieuse de partager avec votre entourage des connaissances acquises récemment. La réflexion ne doit pas toujours n'être qu'un acte solitaire. Communiquer sur vos sentiments peut vous aider à vous préparer aux stades suivants. Voyez les choses ainsi : si les informations d'une tierce personne pouvaient vous aider, ne voudriez-vous les connaître ?

Vous pourriez, de l'autre, vous sentir dépassé ou rejeté par votre entourage. Il est douloureux d'être ostracisé. Vous devriez partager vos sentiments avec vos proches. Ce comportement pourrait être involontaire, alors n'excluez personne pour l'instant.

MOT-CLÉ : partager

Dernier Quartier de Lune

Dans un tirage

Les pétales de fleurs commencent à se faner et à tomber. Vous êtes peut-être anxieux à l'idée de renoncer à leur beauté. Il est important de se rappeler qu'elles disparaissent pour que leurs graines soient essaimées au gré du vent. À l'instar de la fleur, vous devez également vous libérer de ce qui bloque votre potentiel. Prenez bien note de ce qui a été couronné de succès dans le passé et appliquez-le à la situation la prochaine fois.

MOT-CLÉ : **décliner**

Dernier Croissant de Lune

Dans un tirage

Le Dernier Croissant (ou Lune Balsamique) est la dernière étape du cycle lunaire. C'est le moment du repos et de la récupération. Vous ne pouvez rien faire de plus en ce moment, vous devez simplement patienter.

Il est important de comprendre que parfois, quelles que soient les étapes ou les préparations que l'on entreprenne, on ne peut changer le destin. Mais vous pouvez accepter le fait que la vie est semée d'imprévus et essayer de prendre les choses comme elles viennent.

MOT-CLÉ : **fin**

Éclipse de Lune

La Source de lumière

Dans un tirage

L'éclipse de Lune se produit lorsque la Lune passe derrière la Terre et finit par être dans son ombre. Il peut sembler étrange qu'une chose qui est dans l'ombre puisse être « source de lumière », mais c'est parce que cet événement ne se produit que pendant la Pleine Lune. Une éclipse de lune est porteuse du même message que la Pleine Lune, mais de façon intensifiée. Des vérités que vous n'êtes peut-être pas prêts à voir vont être dévoilées.

MOT-CLÉ : révélation

Éclipse Solaire

Le Présage

Dans un tirage

L'éclipse Solaire survient lorsque la Nouvelle Lune passe entre le Soleil et la Terre et cache les rayons du Soleil. L'éclipse solaire est porteuse des mêmes opportunités que la Nouvelle Lune, mais elle s'accompagne d'une mise en garde, qui est de récolter trois fois ce que vous semez, pour pouvoir avancer en vous fixant un objectif clair.

MOT-CLÉ : avertissement

PLANÈTES
MERCURE ☿

Mercure

Le Messager

GLYPHE ASTROLOGIQUE : ☿

• GOUVERNE : le Gémeaux et la Vierge • MAISON : troisième et sixième • ÉLÉMENT : air • SYMBOLES : gemmes bleu ciel, oiseaux, plumes, lettres

En astrologie

Mercure est la planète de vos facultés mentales. Votre façon d'apprendre et de relayer l'information est déterminée par la position de Mercure. Tout comme notre cerveau envoie des signaux aux autres parties de notre corps, cette planète ne cesse d'envoyer des informations dans l'univers et d'en recevoir.

Vous avez sans doute entendu dire de quelqu'un qu'il était mercurien – une personne qui change à la vitesse de la lumière. Il y a fort à parier que Mercure tient une place prédominante dans son thème astral.

Lorsque la planète Mercure est sous-représentée dans le thème astral d'une personne (ou lorsqu'elle est née en Mercure rétrograde), celle-ci peut avoir des difficultés à communiquer ses pensées. Cela ne la rend pas moins intelligente, il lui faut peut-être un peu plus de temps pour se faire comprendre. Elle peut aussi être facilement frustrée car elle se sent incomprise.

Que vous soyez ouvert et avenant ou calme et introverti, Mercure gouverne ce domaine. Plus Mercure a d'aspects dans votre Soleil, plus ces traits seront marqués.

Dans un tirage

Si vous attendez des nouvelles relatives à un sujet important, vous êtes sur le point de les recevoir. Au moment de la réception, assurez-vous de peser le pour et le contre de façon logique avant de donner votre réponse. La prudence est de mise en présence de Mercure.

Notre cerveau est un organe surprenant. Il entretient le fonctionnement du reste de notre corps, dit à notre cœur quand battre, s'assure que nous mangeons et buvons et nous permet de communiquer nos besoins. Dans un tirage, Mercure indique que vous devez exprimer ces besoins. Ne pas le faire entraîne une montée d'anxiété. Vous ne pouvez attendre des autres qu'ils lisent dans vos pensées.

Selon une théorie, nous serions le produit de nos pensées, sans lesquelles nous ne pourrions exister. Mais nous savons que cela n'est pas vrai : une personne qui est dans un état végétatif existe, mais elle n'a pas la capacité de raisonner ou de penser. Les pensées peuvent être une action consciente, et lorsqu'elles sont positives, elles entraînent une attitude positive, tandis que les pensées négatives engendrent une attitude négative.

MOTS-CLÉS : communiquer, logique, élaboration mentale, intelligence, routine, vie sociale

Vénus

La Muse

GLYPHE ASTROLOGIQUE : ♀ • GOUVERNE : le Taureau et la Balance
MAISON : deuxième et septième • ÉLÉMENT : terre
SYMBOLES : art, coquillages, fleurs (en particulier les roses), maquillage, pièces, jardins

En astrologie

Vénus est la maîtresse de la féminité divine. Comme elle gouverne deux signes, son énergie se divise en deux domaines : la beauté et les valeurs, qui sont liées à son côté Taureau ; l'amour et les relations, qui sont associés à son côté Balance.

Les choses matérielles que nous convoitons sont régies par le premier domaine de Vénus. Certaines personnes souhaitent de l'argent, d'autres de la bonne nourriture et d'autres veulent créer de la fiction et de l'art.

Les gens que nous attirons (et qui nous attirent) sont déterminés par le second aspect de Vénus. Tout, de la façon dont nous flirtons à celle dont nous nous exprimons dans nos relations les plus intimes, est gouverné par sa position dans votre thème astral.

Une personne possédant une puissante énergie vénusienne sera séduisante et possèdera un magnétisme naturel, même si elle est timide ou réservée. Il est important de noter que comme toutes les beautés classiques, Vénus a un côté sombre. Son énergie peut être avide ou indolente. Un transit difficile peut éveiller ces traits chez chacun de nous.

Dans un tirage

Il est temps d'apprécier la beauté de ce qui vous entoure. Trop souvent, nous sommes pris dans le tourbillon de la vie et nous ne nous arrêtons jamais pour apprécier les choses simples. La nourriture et le logement sont des besoins humains, mais il vous est également nécessaire de vous divertir. Vous avez besoin de plaisir et d'intimité. Vous avez besoin de rire et de vous reposer. Sans tout cela, vous n'êtes qu'une coquille vide, en proie à la dépression et à la solitude. Vénus vous rappelle que vous devez penser à vous faire plaisir de temps à autre. Ainsi, vous serez plus productif sur le long terme.

À l'heure actuelle, vous pourriez traverser une période d'attraction. Qu'il s'agisse de choses matérielles ou d'une histoire romantique, Vénus veut non seulement que vous vous fassiez plaisir, mais aussi que vous en tiriez profit. Comment pouvez-vous utiliser cette énergie magique que vous irradiez pour servir vos intérêts ? On nous dit parfois de ne pas être égoïste ou de ne pas nous faire passer en premier, mais en réalité, vous devez le faire. Lorsque vous êtes heureux, les gens qui vous entourent le sont également.

MOTS-CLÉS : création, beauté, amour, divinité féminine, harmonie, ce qui vous est dû

PLANÈTES
VÉNUS ♀

PLANÈTES
MARS ♂

Mars

Le Leader

GLYPHE ASTROLOGIQUE : ♂

• GOUVERNE : le Bélier • MAISON : première • ÉLÉMENT : feu

SYMBOLES : pivert, loup, lance, laurier, rouge

En astrologie

Mars est le divin masculin et il gouverne l'ardent Bélier, ce qui en fait la force opposée à la douce Vénus. Tandis que celle-ci préfère se détendre et recevoir ses sujets, Mars possède une énergie plus manifeste, conquérant tout sur son passage.

Comme il s'agit de la planète de la guerre, la position de Mars dans notre thème astral indique le domaine dans lequel nous avons le potentiel et la détermination nécessaires pour surmonter les situations difficiles. Notre endurance – l'énergie que nous déployons dans nos accomplissements – et la capacité d'atteindre les buts fixés par notre ego (notre signe solaire) sont gouvernées par cette planète. Les individus qui sont soumis à une puissante influence de Mars luttent toute leur vie contre leur tempérament colérique et des tendances à l'agressivité. Ils doivent apprendre à canaliser cette énergie en la consacrant à quelque chose de productif. Ceux à qui cette énergie fait défaut doivent faire des efforts pour s'affirmer et ne pas se laisser marcher sur les pieds.

Dans un tirage

L'apparition de Mars peut signifier que vous avez besoin d'être plus confiant dans certaines situations. Si vous êtes resté en retrait, regardant tout le monde obtenir ce que vous voulez, le moment est venu de vous imposer. Vous savez qu'il est désastreux d'être trop autoritaire et combattif, mais être le spectateur de votre propre vie est tout aussi préjudiciable. Gardez bonne contenance, même si au fond de vous, vous êtes terrifié. La force se manifeste de bien des façons.

Mars peut également indiquer que vous souffrez d'une étroitesse de vue. Concentrer tous vos efforts sur une seule chose n'est pas sain. Qu'il s'agisse d'un partenaire amoureux, de votre carrière ou d'un passe-temps, délaisser vos autres engagements est préjudiciable sur le long terme.

Si vous avez besoin d'un coup de pouce pour vous lancer dans un projet, la planète rouge peut vous apporter un regain d'énergie, mais assurez-vous de mener à bien ce que vous commencez.

MOTS-CLÉS : agressivité, divinité masculine, courage, force, énergie, colère, affirmation

Jupiter

Le Philosophe

GLYPHE ASTROLOGIQUE : ♃
• GOUVERNE : le Sagittaire • MAISON : neuvième • ÉLÉMENT : feu
SYMBOLES : améthyste, livres, charmes, papier/carnets de notes, encre, stylos, pièces

En astrologie

La plus grande et avant-dernière des planètes intérieures est Jupiter. Sa masse et sa fréquence ne sont rivalisées que par le Soleil, il porte donc chance et prospérité. Jupiter fait croître tout ce qu'il touche, ainsi, lorsqu'il est bien aspecté dans votre ciel de naissance, vous pouvez vous sentir béni. Même dans une maison plus difficile, Jupiter a malgré tout une influence positive sur celle-ci et peut nous enseigner à voir le bon côté des choses, même si nous avons parfois l'impression que les autres ont une vie plus facile que la nôtre.

Notre quête de sens philosophique et une puissance supérieure relèvent du domaine de Jupiter. Que cette quête passe par la religion ou la science importe peu pour lui, il veut seulement que nous soyons passionnés.

Comme un bon mentor, Jupiter vous encourage à prendre des risques, mais il peut facilement tomber dans l'excès. Il ne faut pas abuser des bonnes choses. Par exemple, lorsqu'il transite dans votre deuxième maison, vos revenus peuvent augmenter, mais vous pouvez également vous montrer trop dépensier, en particulier pour des biens matériels.

Dans un tirage

La chance peut tourner en votre faveur, et rien ne pourra l'arrêter. Si vous avez traversé des difficultés, ce soulagement arrive à point nommé. Avoir foi en l'idée que nous méritons de bonnes choses peut être un puissant outil de manifestation.

Vous devenez une meilleure version de vous-même et des ondes positives émanent de vous. Partager cette énergie avec autrui encourage le dialogue et les liens dont nous avons tous besoin.

Jupiter s'approprie vos idées pour les rendre plus grandes et plus belles – veillez simplement à ne pas avoir de croyances trop extrêmes pour laisser de l'espace à la pensée critique. Élargir ses connaissances nécessite une remise en question.

MOTS-CLÉS : expansion, pensée positive, chance, risque, jeu, connaissances, quête, envie de voyager, entreprenant, excès

PLANÈTES
JUPITER ♃

PLANÈTES
SATURNE ♄

Saturne

L'Oppresseur

GLYPHE ASTROLOGIQUE : ♄
• GOUVERNE : Capricorne • MAISON : dixième • ÉLÉMENT : terre
SYMBOLES : montagne, horloge, faucille, graines, cadeaux

En astrologie

La dernière des planètes intérieures est Saturne, qui est affectueusement appelé le « Tyran de l'astrologie ». Sa position dans votre thème astral indique le domaine dans lequel vous avez de dures leçons à apprendre.

Saturne est une planète qui évolue lentement. Il lui faut vingt-neuf ans pour revenir dans le signe sous lequel vous êtes né. Ce moment est ce que l'on nomme le premier retour de Saturne. C'est une réflexion sur ce que nous avons appris pendant cette période et sur les comportements ou habitudes adoptés. C'est à partir de ce point qu'il définit le chapitre suivant de notre vie.

Saturne adore la structure et les règles, ainsi l'ordre social est important pour lui. Il s'appuie sur la sagesse éternelle pour imposer son jugement à chacun de nous. Considérez cette planète comme le karma. En faisant ce qui est bien, nous faisons en sorte qu'il relâche son emprise, mais agissez mal et son jugement sera prompt. Parfois, il nous faut un événement majeur pour nous faire prendre conscience des réalités de notre existence.

Saturne vous montre également le domaine dans lequel vous êtes susceptible de persévérer contre toute attente. Il vous limite sciemment à ce domaine pour voir jusqu'où vous êtes prêt à aller pour réussir.

Dans un tirage

Deux pas en avant, un pas en arrière, telle est la devise de Saturne. S'il apparaît dans votre thème, il est très probable que la vie vous fasse passer un test important. Vous avez peut-être l'impression que, quoi que vous fassiez, vous ne parvenez à rien. En réalité, ce n'est pas le cas, vous avancez, mais Saturne aime s'assurer que vous soyez certain de la direction à prendre. Faites-vous des choix responsables ? Tirez-vous le meilleur profit des outils qui sont les vôtres ? Assurez-vous que tout soit clair dans votre esprit, car vous n'échapperez pas à l'examen final.

Si vous traversez une période de chaos et de confusion, vous devez demander conseil à Saturne. Quels domaines de votre vie pouvez-vous organiser ou restructurer ? Quels comportements ne servent plus au mieux vos intérêts ? Si vous parvenez à vous débarrasser de tout ce qui vous empêche d'avancer, vous aurez davantage de temps à consacrer à vos principaux objectifs et aspirations.

MOTS-CLÉS : restriction, richesse, oppression, travail, leçons, résilience, karma, processus, structure, ordre

Uranus

Le Rebelle

GLYPHE ASTROLOGIQUE : ♅
• GOUVERNE : le Verseau • MAISON : onzième • ÉLÉMENT : air
SYMBOLES : apatite bleue, ciel, électricité, orages, éclairs, métal

En astrologie

La première des planètes extérieures est Uranus, et elle reste dans un signe pendant environ sept ans. Cela signifie que les caractéristiques de ce signe sont communes à presque toute une génération. Pour comprendre de quelle façon il vous influence, vous devez observer la maison dans laquelle il se trouve, ainsi que les aspects situés à quelques degrés de vos planètes intérieures.

Chaque génération a ses propres découvertes et inventions. De nouvelles lois sont mises en application et d'anciennes sont abrogées. Uranus est notre grand libérateur et nous ressentons tous son effet.

À un niveau individuel, Uranus s'attache principalement à secouer les choses et à créer de petites rébellions dans votre vie. Il favorise tout ce qui est peu conventionnel et ces changements donnent un nouvel élan aux structures existantes. C'est dans ce domaine qu'Uranus excelle.

Lorsqu'Uranus est en transit négatif ou que ses aspects ne sont pas en votre faveur, vous pouvez devenir destructeur de façon gratuite, ce qui est dangereux en soi. Parfois, vous réduisez à néant des choses auxquelles vous tenez, pour le regretter ensuite.

Dans un tirage

Il est temps de faire quelque chose d'inattendu. Plongez dans l'inconnu avec l'arrivée d'Uranus. Cette carte est celle de la rébellion – à petite dose, elle peut être saine, et même libératrice, mais à forte dose, elle peut avoir des effets dévastateurs. Le choix vous appartient. Aller à contre-courant dans un monde qui prône le conformisme peut être très agréable.

Adoptez un nouvel angle d'approche pour résoudre vos problèmes. Parfois, prendre un peu de recul pour observer une situation de façon objective peut vous donner de nouvelles idées. Imaginez ce qui se passerait si les plus grands inventeurs de ce monde abandonnaient au premier échec ou lorsqu'on les traite de fous. Nous ne pourrions pas profiter de ces choses incroyables qui ont façonné nos vies. Quelle contribution pouvez-vous apporter à l'histoire ? Uranus vous libère de vos limites et de vos croyances sur ce qui est possible. Il vient vous libérer des chaînes de la conformité.

MOTS-CLÉS : liberté, rébellion, invention, électrique, destruction, création, découverte

PLANÈTES
URANUS ♅

PLANÈTES
NEPTUNE ♆

Neptune

Le Mystique

GLYPHE ASTROLOGIQUE : ♆

• GOUVERNE : les Poissons • MAISON : douzième • ÉLÉMENT : eau

SYMBOLES : trident, coquillages, nénuphar, bateau, dauphin

En astrologie

Le savoir cosmique n'est pas toujours évident pour nous à un niveau conscient. Parfois, il s'insinue lentement, comme un petit ruisseau. Neptune est le grand mystique de l'astrologie. Les leçons spirituelles difficiles et l'éveil au paranormal sont enseignés par cette planète. En tant que planète extérieure, ses caractéristiques sont partagées par une génération, mais deviennent plus personnelles lorsqu'elles sont aspectées par nos planètes intérieures.

L'influence positive de Neptune sur le psychisme permet d'être réceptif et ouvert aux enseignements de l'Univers. Tout a une histoire à raconter et ces leçons se présentent sous la forme de rêves et d'inspiration. Cette planète vous demande de dépasser les pièges du consumérisme et de comprendre ce qui vous nourrit spirituellement.

Si Neptune vous affecte de façon négative, il peut entraîner l'illusion, la toxicomanie et des troubles de santé mentale. Assumer de connaître le côté sombre du monde, sans avoir aucun moyen de vous décharger de ce poids, peut vous inciter à vous tourner vers des mécanismes de défense malsains.

Dans un tirage

Le moment est venu de vous retirer dans la solitude et de vous livrer à l'introspection. Un bilan spirituel est la forme ultime de l'attention que l'on s'accorde, en particulier dans un monde rempli de bruits superficiels. Ce matraquage constant de messages qui alimentent notre insécurité profonde peut vous conduire sur la mauvaise voie. Neptune peut vous accorder la capacité d'écarter tout ce qui est faux et de vous réaligner avec votre vérité universelle. Par quoi êtes-vous appelé sur les plans les plus élevés ? Cela peut être le divin, la beauté, la joie ou tout autre chose. Peu importe le domaine, vous pouvez vous y reconnecter en étant calme et serein.

Si vous avez eu des comportements autodestructeurs, le moment est venu d'arrêter. Tant que vous vivrez sur cette planète, vous aurez le choix et la capacité d'améliorer votre vie. Ne laissez pas les pensées négatives vous éloigner de cette vérité. Vous avez un but ici, même si vous l'avez oublié. Neptune vous donne la chance de sortir du gouffre, saisissez-la !

MOTS-CLÉS : illusion, facultés paranormales, dépendance, mysticisme, besoins spirituels

Pluton

Le Moissonneur

GLYPHE ASTROLOGIQUE : ♇

• GOUVERNE : le Scorpion • MAISON : huitième • ÉLÉMENT : eau

SYMBOLES : chauve-souris, cimetière, chien, cyprès, lierre

En astrologie

La dernière des planètes extérieures et la plus éloignée du Soleil est Pluton. Malgré sa « rétrogradation » par les astronomes du monde entier, il demeure une figure puissante en astrologie. En tant que dieu des enfers, tout, de la mort à la renaissance, en passant par les sciences occultes et les tabous, est contrôlé par Pluton.

On ne pense pas nécessairement qu'une chose liée à la mort ait une telle puissance régénératrice, mais l'un n'existe pas sans l'autre. Il s'agit d'un cycle de dégénérescence et de régénérescence. Les changements qui sont mis en œuvre par Pluton ne sont pas minimes et quotidiens, mais ont lieu sur une échelle plus vaste. Les changements de masse, comme les guerres, et les changements personnels (par exemple, le décès d'un proche) sont initiés par Pluton. Il est important de se rappeler qu'après la guerre, nous reconstruisons nos sociétés, nous rendons hommage à nos ancêtres et, comme toujours, nous donnons naissance à de nouvelles vies.

Sa position dans votre thème astral indique souvent la façon dont vous gérez ces situations. Avez-vous une bonne compréhension de votre mortalité et avez-vous intégré son caractère inévitable ? ou fermez-vous les yeux, vivant dans le déni ? Les transits de Pluton révèlent la vérité. Il lève le voile des enfers et vous laisse entrevoir le passé, ce qui peut vous préparer à l'avenir – vous devez seulement comprendre comment mettre ce cadeau à profit.

Dans un tirage

Pluton annonce un grand changement. Il s'agit probablement d'une fin. L'événement vous semblera soudain, mais si vous regardez au plus profond de vous-même, vous verrez qu'il était en préparation depuis un certain temps. Cette mort doit survenir pour faire de la place pour une vie nouvelle. Le début d'un nouveau cycle est douloureux, mais lutter contre celui-ci fera seulement durer ces sentiments pénibles.

Si vous avez attendu qu'une chose importante arrive à son terme ou qu'un changement monumental ait lieu, sachez que cela est proche. Parfois, l'anticipation, le fait de savoir qu'une chose que vous ne contrôlez pas est sur le point de se produire, est presque pire que l'événement en tant que tel. Se libérer d'un cadre ancien et de l'anxiété est un soulagement, et c'est dans ces moments-là que vous commencez à vous reconstruire.

MOTS-CLÉS : mort, renaissance, résurrection, changement, destruction, sciences occultes, fantômes, enfers

PLANÈTES
PLUTON ♇

Chapitre 3

LES MAISONS

Le thème astral est divisé en douze parties, appelées maisons. Chaque maison représente les différents domaines sur lesquels travailler. Certaines **maisons sont liées au travail** : la seconde, la sixième et la dixième ; elles représentent notre besoin de sécurité, notre carrière et la routine quotidienne. Les **maisons sociales** sont quant à elles en relation avec la communication, les relations intimes et nos interactions dans la société : il s'agit de la troisième, septième et onzième. Les **maisons créatives** sont les première, cinquième et neuvième : elles sont le lieu où nous trouvons le plaisir, la passion et l'intérêt pour l'apprentissage. Et enfin, les **maisons liées aux émotions** sont associées au travail sur les problèmes liés à l'enfance, à l'évolution personnelle et à la santé mentale. Il s'agit des quatrième, huitième et douzième.

Dans votre thème astral, les planètes peuvent être disséminées dans les différentes maisons ou concentrées dans quelques-unes d'entre elles. Les maisons se déplacent toutes les quatre minutes, il est donc crucial que vous connaissiez l'heure exacte de votre naissance pour que votre thème astral soit correct. Certaines planètes traversent les maisons rapidement, tandis que d'autres, telles que Pluton, n'en traversent que quelques-unes au cours de votre vie.

Les maisons sont également divisées en trois groupes : **les maisons angulaires, succédentes et cadentes**.

Les maisons angulaires comportent les quatre angles les plus importants de votre thème astral et sont gouvernées par les signes cardinaux : le Bélier, le Cancer, la Balance et le Capricorne. Ces maisons initient l'action.

Les maisons succédentes suivent les maisons angulaires et elles se fondent sur les actions engagées dans les maisons angulaires. Il s'agit des seconde, cinquième, huitième et onzième maisons et elles sont gouvernées par les signes fixes : le Taureau, le Lion, le Scorpion et le Verseau.

Le dernier groupe est les maisons cadentes, qui sont les troisième, sixième, neuvième et douzième maisons. Elles sont gouvernées par les signes mutables : les Gémeaux, la Vierge, le Sagittaire et les Poissons. Ces maisons ont une énergie plus faible et apportent la touche finale au groupe.

MA
NEUVIÈ
MAISONS
SIXIÈME MAISON VI

Première maison

Le domaine du Moi

SIGNE : Bélier
PLANÈTE : Mars
ÉLÉMENT : feu
POSITION : angulaire
TYPE DE MAISON : vie créative

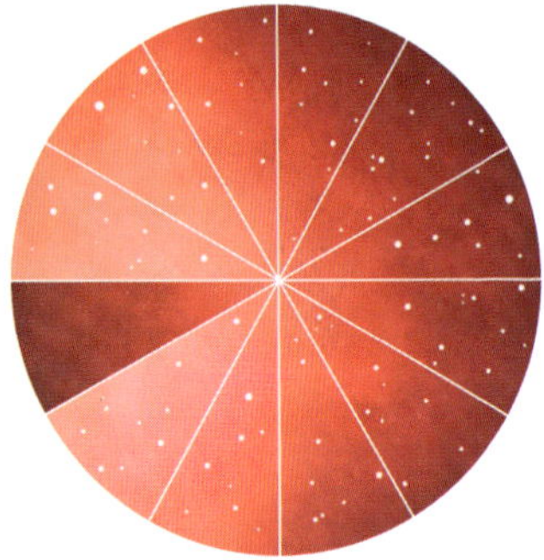

En astrologie

La première maison représente vos traits de caractère et votre façon de vous exprimer vis-à-vis du monde. En tant que maison angulaire, elle représente un commencement et est située au début de votre thème astral. Gouvernée par Mars et abritant le Bélier, cette maison est celle de l'énergie dynamique.

Votre Ascendant (voir p. 94) est toujours placé dans la première maison, quel que soit le signe dans lequel il se trouve. Votre apparence, vos particularités et même votre façon de parler, sont déterminés par cette maison. Ainsi, les planètes qui y résident vont s'associer à l'énergie de votre Ascendant et prendront ainsi une grande importance.

Lorsqu'une planète transite dans votre première maison, votre façon de vous exprimer peut changer ou attirer l'attention sur vous. Que cela soit souhaité ou non, vous ne pouvez l'éviter.

Dans un tirage

Vous êtes sous les projecteurs à présent et vous devez en tirer pleinement avantage. Si vous êtes d'un naturel extraverti, ce sera d'une simplicité enfantine, mais si vous êtes plus introverti, cela peut être plus difficile pour vous. Mais ayez conscience que cela ne durera pas toujours, faites donc de votre mieux pour mettre cette énergie à profit pour aller de l'avant.

Le concept de « faites semblant, jusqu'à ce que vos vœux se réalisent » est intimement lié à la première maison. Nous avons tous différents masques que nous portons au gré de nos besoins, et il n'y a aucune honte à cela. Utiliser les ressources qui sont les vôtres est une preuve d'intelligence.

MOTS-CLÉS : projecteurs, expression, interaction, attention, apparence, extraverti

Deuxième maison

Le domaine des valeurs

SIGNE : Taureau
PLANÈTE : Vénus
ÉLÉMENT : terre
POSITION : succédente
TYPE DE MAISON : vie professionnelle

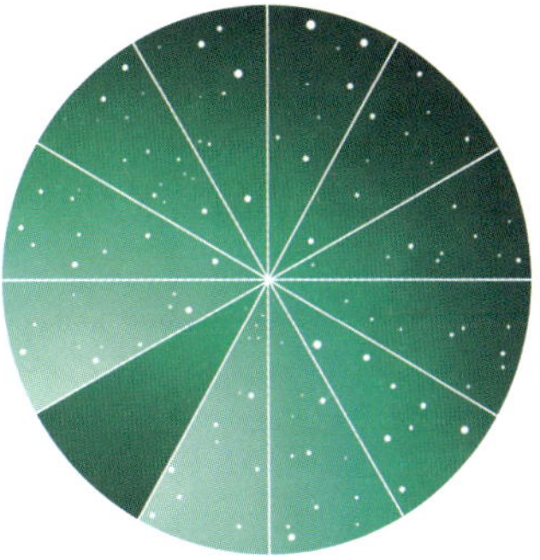

En astrologie

La seconde maison est le lieu de résidence des questions liées aux finances, à la sécurité et aux valeurs personnelles. Quant à l'argent, la façon dont nous l'attirons et l'usage que nous en faisons une fois acquis sont déterminés par cette maison. Une personne ayant un stellium dans la deuxième maison peut porter une attention excessive à l'argent et aux possessions matérielles. Elle peut osciller sans cesse entre la sécurité financière et le manque.

Une planète qui transite dans la deuxième maison peut éveiller des sentiments très différents en lien avec les finances et la sécurité personnelle. Une planète positive telle que Jupiter peut apporter une rentrée d'argent, tandis qu'une planète plus difficile comme Saturne peut entraîner des factures inattendues ou un autre type de leçon liée à la valeur de l'argent.

Dans un tirage

Si la seconde maison apparaît dans un tirage, il est temps de mettre de l'ordre dans vos finances. Compenser le stress par des dépenses excessives finit par vous rattraper et vous avez du mal à payer vos factures. En revanche, si vous avez manqué d'argent, votre situation est sur le point de changer. Attendez-vous à une augmentation de revenus ou à une rentrée d'argent imprévue.

Parfois, la deuxième maison signifie que vous plaquez votre façon de penser sur les autres. Dans l'existence, personne n'est identique. Ce qui vaut pour vous ne vaut peut-être pas pour quelqu'un d'autre.

MOTS-CLÉS : projecteurs, expression, interaction, attention, apparence, extraverti

Troisième maison

Le domaine de la communication

SIGNE : Gémeaux
PLANÈTE : Mercure
ÉLÉMENT : air
POSITION : cadente
TYPE DE MAISON : vie sociale

En astrologie

Tandis que la position de Mercure indique votre façon de penser et d'intellectualiser, la troisième maison est liée à la façon dont vous transmettez vos pensées à votre entourage, en particulier votre famille et vos amis. Votre manière d'analyser les problèmes et votre raisonnement logique sont déterminés par cette maison.

La troisième maison gouverne également les voyages de courte durée et les formations spécialisées. Un transit difficile d'une planète ou un mauvais aspect peuvent rapidement mener à la débâcle, tandis qu'un transit plus favorable peut apporter une solution rapide à vos problèmes et combler vos retards.

Dans un tirage

Parfois, on peut avoir l'impression que l'univers conspire contre nous. Notre voiture tombe en panne, nous envoyons le mauvais email à notre patron ou nous avons un différend avec nos proches. Mais soyez rassuré, les retards et les contretemps auxquels vous êtes confronté ne sont que temporaires. Tout peut facilement se résoudre avec un bon mécanicien, en ravalant votre fierté ou avec quelques excuses.

Trop souvent, nous croyons que communiquer consiste principalement à dire ce que nous pensons, mais un autre aspect est essentiel : écouter. Prenez dès maintenant le temps d'écouter ce que les gens que vous aimez ont à vous dire. Cela pourrait vous apporter bien plus que vous ne l'imaginez !

MOTS-CLÉS : communication, analyse, transport, voyages de courte durée, problèmes, retards

Quatrième maison

Le domaine de la famille

SIGNE : Cancer
PLANÈTE : Lune
ÉLÉMENT : eau
POSITION : angulaire
TYPE DE MAISON : vie émotionnelle

En astrologie

Le logis, la petite enfance et les racines ancestrales sont déterminés par la quatrième maison. Gouvernée par le Cancer et la Lune, cette maison est un espace d'émotion et de sécurité. Les premières années de notre vie sont essentielles au développement de notre intuition et à l'acquisition de bonnes habitudes. Cette maison joue un rôle majeur.

À la conjonction de la quatrième maison se trouve le Fond du Ciel (FC), qui est l'une des quatre pierres angulaires d'un thème astral. Il se trouve à l'opposé du Milieu du Ciel (MC, voir dixième maison, p. 79). Il est le lieu où nous développons notre moi profond. La personne que vous êtes lorsqu'il n'y a personne alentour est déterminée par le FC.

Les transits dans la quatrième maison peuvent apporter des changements au niveau de vos conditions de vie. Cela peut être aussi important qu'un déménagement ou aussi infime que le fait de régler des affaires en cours. Vous pouvez également avoir envie de vous rapprocher de votre famille ou, au contraire, avoir besoin de solitude.

Dans un tirage

Le moment est venu de vous reconnecter à vos racines avec l'apparition de la carte de la quatrième maison. Il ne s'agit pas seulement de passer du temps avec votre famille au sens habituel du terme. Poser des questions à vos parents et vos grands-parents à propos de vos ancêtres et apprendre leur histoire peut vous aider à savoir d'où vous venez. Peut-être cela vous permettra-t-il de comprendre pourquoi les choses se passent d'une certaine façon dans votre famille.

La quatrième maison est également celle des réparations, du nettoyage et de la décoration de votre logis. Parfois, nous nous moquons de ce genre de choses, les considérant comme superficielles, mais nous ne devrions pas ignorer combien elles peuvent être bénéfiques à notre santé mentale. Notre logement ne devrait pas seulement être un lieu de sécurité, mais aussi de confort.

MOTS-CLÉS : projecteurs, expression, interaction, attention, apparence, extraverti

Cinquième maison

Le domaine du plaisir

SIGNE : Lion
PLANÈTE : Soleil
ÉLÉMENT : feu
POSITION : succédente
TYPE DE MAISON : vie créative

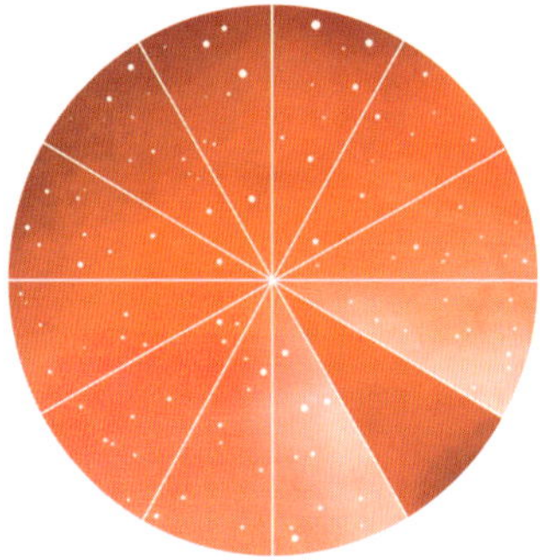

En astrologie

La cinquième maison est le domaine du jeu, de la créativité et des enfants. Il est l'extension légère et fantaisiste du moi. C'est le lieu où réside la joie, que vous soyez une personne qui apprécie l'art ou qui prend plaisir à l'organisation. Une cinquième maison saturée dans le thème astral peut se traduire par une personne qui s'amuse un peu trop et n'assume pas ses responsabilités. Un thème dans lequel on observe une planète problématique ou restrictive dans la cinquième maison, telle que Saturne ou une planète rétrograde, peut révéler qu'une personne a des difficultés à trouver du plaisir dans le quotidien ou se sent coupable de se faire plaisir lorsqu'elle a du travail à faire.

Les transits dans la cinquième maison peuvent encourager la spontanéité. Ces moments agréables que beaucoup semblent rechercher surviennent de façon soudaine et stimulent la confiance en soi. Par exemple, un transit de Vénus dans cette maison peut insuffler une allégresse nouvelle aux relations existantes. Cependant, un transit de Pluton peut signifier que vous avez besoin de faire un travail sur les problèmes liés à l'intimité et au plaisir.

Dans un tirage

C'est l'une des cartes les plus joyeuses et ludiques du jeu. L'irruption de cette énergie dans votre tirage est le signe évident que vous avez besoin de vous détendre et de vous amuser. À quelles activités que vous appréciez pouvez-vous consacrer davantage de temps ?

Si vous vous sentez coupable à l'idée de faire ce que vous adorez, ce n'est qu'une question de temps avant que vous commenciez à ne plus supporter vos responsabilités. Sur le long terme, vous serez plus productif et heureux en prenant le temps de vous divertir.

MOTS-CLÉS : joie, plaisir, divertissement, jeux, créativité

Sixième maison

Le domaine de la santé et des habitudes

SIGNE : Vierge
PLANÈTE : Mercure
ÉLÉMENT : terre
POSITION : cadente
TYPE DE MAISON : vie professionnelle

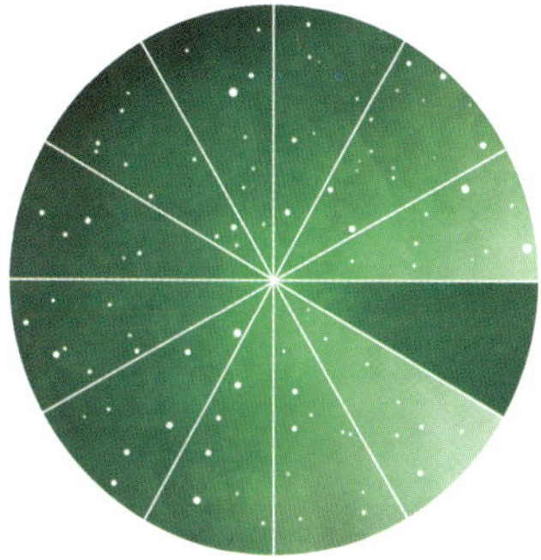

En astrologie

Les habitudes, les passe-temps et la santé résument bien la sixième maison. Gouvernée par la planète Mercure et le signe de la Vierge, cette maison est le lieu de l'élaboration de vos listes de choses à faire, de votre routine sportive, le temps de réflexion sur le moyen de transport à prendre pour aller travailler.

Étant l'une des maisons liées au travail, il s'agit d'une zone de mise à l'épreuve, même si elle comporte traditionnellement des planètes positives. Les individus qui ont un thème natal où la sixième maison est chargée peuvent être sujets à des habitudes alimentaires restrictives et à des comportements obsessionnels. Mais étant donné la nature déterminée de cette maison, ces énergies peuvent facilement être transformées en habitudes plus saines.

Les planètes qui transitent par la sixième maison peuvent occasionner des perturbations au niveau professionnel ou un changement de l'état de santé et vous permettre de revoir votre organisation pour être plus productif.

Dans un tirage

Tandis que la cinquième maison est liée au divertissement, la carte de la sixième maison est le signe qu'il est temps de se remettre au travail. Remettre à plus tard vos tâches quotidiennes ne fait qu'en allonger la liste. Il est préférable de prendre de l'avance pour ne pas être débordé par la suite. Cherchez des moyens de simplifier les choses ou changez vos habitudes pour éviter les retards.

La sixième maison peut également être le signe d'un souci de santé. Si vous avez négligé votre corps, le moment est venu de vous reconnecter à celui-ci. Qu'il s'agisse de modifier votre façon de vous alimenter ou d'essayer de nouveaux exercices physiques, cette carte est le coup de pouce dont vous aviez besoin.

MOTS-CLÉS : trouble, travail, routine, liste, changement, confiance

Septième maison

Le domaine des relations

SIGNE : Balance
PLANÈTE : Vénus
ÉLÉMENT : air
POSITION : angulaire
TYPE DE MAISON : vie sociale

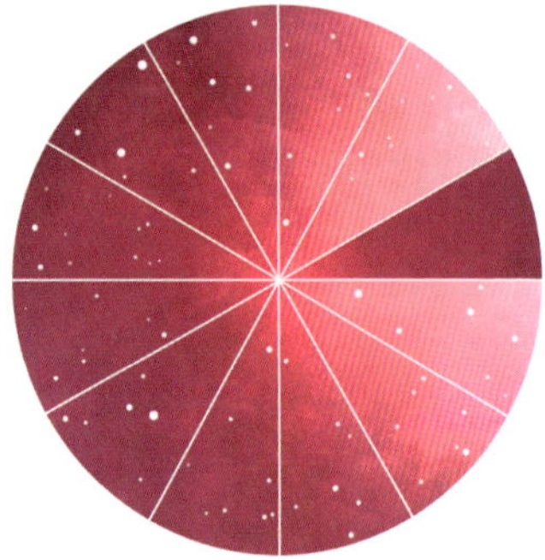

En astrologie

La planète qui gouverne la septième maison est Vénus. Elle est aussi traditionnellement celle qui héberge la Balance. C'est le lieu où nous gérons nos relations avec autrui. Notre manière d'interagir avec les autres, seul ou au sein d'un groupe, est déterminée par cette maison.

La plupart des gens craignent, si leur septième maison est vide, de ne jamais se marier, de ne pas avoir de meilleur ami et de ne pas parvenir à s'intégrer dans un groupe. C'est totalement infondé ! Vous refuserez peut-être de vous contenter de moins que votre idée de la perfection. Vous pouvez également avoir une attirance pour les relations peu conventionnelles. Lorsqu'une planète intérieure transite par cette maison, les problèmes relationnels ont des répercussions importantes.

La conjonction de la septième maison est ce qu'on appelle le Descendant. En tant qu'opposé à l'Ascendant (voir première maison, p. 70), c'est ici que nous observons ce qui est extérieur à nous et que nous découvrons ce que nous trouvons attirant et séduisant chez les autres. Une personne ayant un Descendant en Verseau sera attirée par des individus de tous les horizons, tandis que quelqu'un du signe de la Vierge cherchera quelqu'un ayant un parcours similaire.

Dans un tirage

La septième maison est liée à l'évaluation de vos comportements et de vos désirs dans toutes vos relations – intimes ou autres. Restez-vous en contact avec de vieux amis qui ont évolué différemment de vous ? Peut-être qu'une relation professionnelle a basculé vers autre chose ? À mesure que nous évoluons et changeons, il en va de même pour nos relations. Définir des limites claires ne fait pas de vous une mauvaise personne.

Dans un tirage, la septième maison peut également indiquer qu'il est temps d'agrandir le cercle de vos relations. Adhérer à un club ou faire un sport d'équipe est une excellente façon de rencontrer de nouvelles personnes. Nous avons tous des choses importantes à apprendre des autres et, sait-on jamais, vous pourriez trouver exactement ce que vous cherchez.

MOTS-CLÉS : équilibre, évaluer, changements, amour, relations, amitiés, désir, comportement

Huitième maison

Le domaine de la réincarnation

SIGNE : Scorpion
PLANÈTE : Pluton
ÉLÉMENT : eau
POSITION : succédente
TYPE DE MAISON : vie émotionnelle

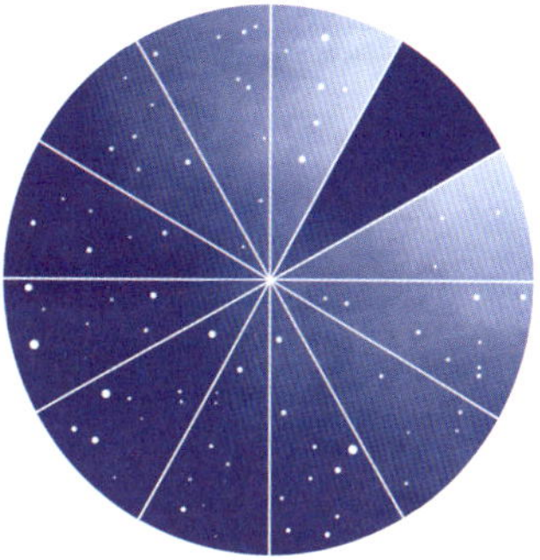

En astrologie

La huitième maison est le domaine de la réincarnation, qui englobe les sphères de la vie telles que la sexualité, la mort et les épreuves. Il n'y a aucune nuance de gris dans cette maison : les choses sont soit noires, soit blanches.

Les ressources partagées sont également un des thèmes majeurs de la huitième maison. Une personne ayant de nombreuses planètes dans cette maison gèrera souvent les finances ou les biens d'autrui. Mais elle pourra tout aussi bien être celle qu'on appelle pour résoudre les problèmes émotionnels.

Les transits dans la huitième maison peuvent vous inciter à l'introspection, à une retraite dans votre jardin secret, que l'énergie de ces planètes soit connue pour cela ou non. Ce besoin de sécurité peut certes vous exclure de votre communauté, mais il est nécessaire à votre équilibre mental. Vous en sortirez plus fort et éclairé.

Dans un tirage

La présence de la huitième maison est le signe qu'il est temps de se retirer du monde et d'œuvrer pour se débarrasser de ses comportements destructeurs. Personne ne peut le faire pour vous. Travailler avec cette maison revient à faire une très longue promenade avec les pires aspects de vous-même. Pendant ce périple, c'est une véritable torture, mais lorsque vous aurez terminé, vous serez transporté de joie. Vous éprouverez un véritable sentiment d'accomplissement.

Nous vivons tous des moments difficiles de temps à autre, surtout lorsqu'il est question de factures et de délais. Si vous attendiez un signe pour remettre de l'ordre dans votre vie, félicitations, la huitième maison est ce signe ! Trouvez un plan d'action réaliste pour régler les choses avant que la situation ne s'aggrave.

MOTS-CLÉS : mort, sciences occultes, tabous, danger, torture, soulagement, réflexion

Neuvième maison

Le domaine de la philosophie

SIGNE : Sagittaire
PLANÈTE : Jupiter
ÉLÉMENT : feu
POSITION : cadente
TYPE DE MAISON : vie créative

En astrologie

La quête de connaissances et de vérité appartient à la neuvième maison. Le désir de comprendre notre rôle dans l'univers est un trait très humain. Que nous accordions notre foi à Dieu ou à la science, nous croyons tous à quelque chose de plus grand que nous. Cette quête de sens et de finalité signifie que cette maison peut également être celle des voyages et de l'exploration.

Dans le thème astral, la neuvième maison montre comment nos expériences de vie sont liées au savoir acquis auprès de nos rencontres. Les transits dans cette maison peuvent bouleverser votre pensée et vous permettre de vous ouvrir à de nouvelles informations.

Dans un tirage

En tant que maison des connaissances, cette carte vous indique que c'est le moment idéal pour sortir de votre zone de confort et vous ouvrir à de nouveaux sujets. Qu'avez-vous toujours souhaité apprendre, mais que vous craignez d'explorer car vous ne pensez pas que cela est approprié ? Un livre peut vous transporter n'importe où dans le monde. De nos jours, même une application sur votre téléphone peut vous permettre d'apprendre une nouvelle langue. Cessez de remettre à plus tard l'apprentissage des choses que vous souhaitez connaître.

Peut-être possédez-vous une compétence spécifique ou un point de vue intéressant qui peut être utile aux autres. Le savoir ne se limite pas à une seule personne ou idée. Nous ne cessons de nous appuyer sur de vieilles idées pour en construire de nouvelles, qui s'adaptent à qui nous sommes maintenant, en tant qu'individu et en tant que société.

MOTS-CLÉS : savoir, vérité, découvrir, société, construire, apprendre, enseigner

Dixième maison

Le domaine du statut

SIGNE : Capricorne
PLANÈTE : Saturne
ÉLÉMENT : terre
POSITION : angulaire
TYPE DE MAISON : vie professionnelle

En astrologie

Étant l'une des maisons consacrées au travail, la dixième maison représente notre carrière et notre statut social. Elle joue un rôle important au niveau de notre réputation et de notre façon de nous comporter au grand jour. Les interactions de la dixième maison peuvent aussi bien concerner les enfants dans la cour de récréation que les adultes autour de la machine à café.

L'emploi de vos rêves, votre capacité à atteindre des objectifs de grande envergure et vos qualités uniques qui permettent l'évolution de votre carrière appartiennent tous à cette maison. Une dixième maison vide ne signifie pas que vous ne ferez pas carrière, tout comme une dixième maison pleine ne vous assure pas que cette carrière sera exceptionnelle.

Le signe situé au sommet de la dixième maison est appelé le **Milieu du Ciel**. Il détermine le domaine dans lequel vous excellez et les types de carrières qui vous attirent. Le Milieu du Ciel met du temps à se développer. Il est très rare de se lancer dans une profession sans accumuler auparavant quelques compétences personnelles.

Dans un tirage

Vous êtes sur le point d'être sous le feu des projecteurs au niveau professionnel. Si vous avez travaillé dans l'ombre sur un projet important, vous obtiendrez la reconnaissance que vous méritez. N'ayez pas peur de vous affirmer et de défendre vos contributions.

Dans un tirage, la dixième maison peut indiquer un changement de carrière. Si vous envisagez de quitter votre poste actuel, dressez une liste des qualités souhaitées pour votre nouvel emploi. Quel poste est fait pour vous ? Avez-vous l'âme d'un entrepreneur ou préférez-vous travailler en équipe ?

À l'évidence, tout le monde n'a pas envie de quitter son emploi, utilisez-donc cette liste pour comprendre comment vous pouvez faire évoluer votre situation actuelle. Si vous avez envie d'avoir davantage de responsabilités, demandez-le !

MOTS-CLÉS : carrière, statut, destin, promotion, rôles sociaux

Onzième maison

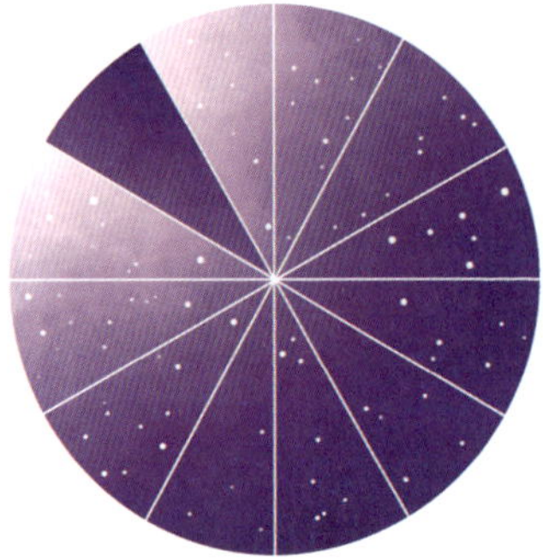

Le domaine de l'amitié

SIGNE : Verseau
PLANÈTE : Uranus
ÉLÉMENT : air
POSITION : succédente
TYPE DE MAISON : vie sociale

En astrologie

Les interactions sociales et les projets d'avenir résident dans la onzième maison, tout comme le signe du Verseau. Gouvernée par Uranus, cette maison secoue les choses. Il s'agit donc d'un domaine peu conventionnel du thème astral. Lorsque nous sommes enfants, nous nous lions d'amitié parce que nous avons le même âge. En grandissant, notre personnalité se développe et nous découvrons nos propres centres d'intérêt, ce qui devient un facteur déterminant en amitié. Deux individus peuvent mener une vie extrêmement différente. Mais, par exemple, s'ils partagent un intérêt pour une même émission télévisée, la onzième maison les réunira.

Lorsque nous élaborons des projets pour notre avenir, nous cherchons des partenaires pour nous aider à les réaliser. Atteindre des objectifs ne se fait pas seul. Nous cherchons nos mentors et leur demandons conseil pour ne pas échouer.

Dans un tirage

Les grands projets et les rêves peu conventionnels sont le moteur de cette carte. Tout ce que vous créez maintenant peut facilement devenir réalité en sortant des sentiers battus. La onzième maison est le lieu où naissent les plus grandes idées, tant que vous ne laissez pas la société vous imposer son point de vue étriqué à votre processus de création.

Comprendre quelle est votre place dans le monde peut être une chose effrayante, mais cela doit rester amusant ! Vous avez tant à découvrir... Traitez chaque personne que vous rencontrez comme un ami potentiel et vous pourrez être surpris par ce que vous découvrirez.

MOTS-CLÉS : rébellion, vie sociale, amitié, invention, potentiel

Douzième maison

Le domaine de la perte

SIGNE : Poissons
PLANÈTE : Neptune
ÉLÉMENT : eau
POSITION : cadente
TYPE DE MAISON : vie émotionnelle

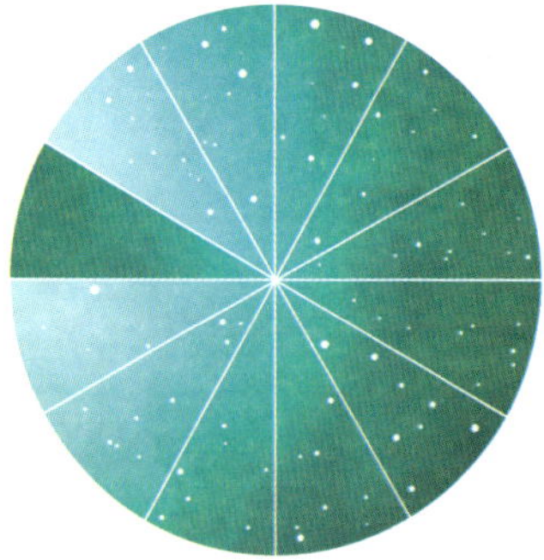

En astrologie

La douzième maison représente les secrets, les institutions et le karma. Il s'agit d'une zone intense du thème astral que nous évitons souvent de façon consciente. Elle est le siège des activités cachées et des comportements que nous gardons privés. Cette maison étant associée à l'inconscient, ells est directement liée à la psychologie et à la thérapie.

La douzième maison est considérée comme une maison négative, et parfois même associée à la malchance. En réalité, elle abrite les sujets que nous évitons. Un parallèle peut être établi avec notre comportement vis-à-vis des autres, de ceux qui traversent une mauvaise passe.. On les place hors de notre vue, comme dans des hôpitaux, on les néglige ou on les ignore, comme les sans-abri. Nous vivons dans un monde où de nombreuses planètes dans la douzième maison peuvent estimer qu'elles ont le devoir de changer la façon dont les gens sont traités lorsqu'ils traversent une période difficile. Faire évoluer ces questions est essentiel pour revenir en arrière... avant les circonstances horribles qui ont conduit à créer et perpétuer cette situation.

Dans un tirage

Si vous traversez une période de crise ou de doute, sachez qu'il n'y a absolument rien qui n'aille pas chez vous. Vous accorder le temps nécessaire pour digérer les traumatismes et les troubles psychologiques est le meilleur cadeau que vous puissiez vous faire. Demander de l'aide est souvent l'étape la plus difficile, mais vous vous devez d'essayer.

Si une personne proche de vous traverse une période difficile et que vous ne savez pas comment l'aider, prenez simplement de ses nouvelles. Parfois, un simple « Comment vas-tu ? » ou « Que puis-je faire pour t'aider ? » est exactement ce que les gens ont besoin d'entendre. Faites de votre mieux pour ne porter aucun jugement et ne faire aucune suggestion sur la façon dont ils pourraient améliorer leur situation, à moins qu'on ne vous le demande explicitement.

MOTS-CLÉS : karma, personnel, secrets, retraites, crise, dépression, illusion

Chapitre 4

LES ASTÉROÏDES

Les astéroïdes sont relativement nouveaux dans l'étude de l'astrologie, mais ils s'avèrent avoir une immense valeur dans le thème astral. Les planètes ont tant de choses à gérer que certaines choses leur échappent forcément au cours de leur périple. C'est là que les Astéroïdes interviennent. Considérez-les comme un soutien qui vient prendre la relève.

Il y a cinq astéroïdes majeurs et cinq mineurs dans ce jeu de cartes. Ils évoluent de la même façon que les planètes dans notre carte du ciel. Ils transitent, ils rétrogradent et surtout, ils contribuent à notre naissance.

Dans le thème astral, les astéroïdes sont étroitement liés aux personnages de la mythologie antique dont ils portent le nom. C'est pourquoi une brève explication des mythes a été inclue dans la signification des cartes pour vous aider à mieux comprendre les énergies de ces nouvelles figures de l'astrologie.

ASTÉR
LILIT
ASTÉROÏDE
CHIRON ⚷
TÉROÏDE
NON

Chiron

Le guérisseur

GLYPHE ASTROLOGIQUE : ⚷
SYMBOLES : clés, plantes, étoiles filantes, arc en ciel

En astrologie

Abandonné par ses parents et abandonné à une mort certaine, Chiron a été recueilli et adopté par les jumeaux Apollon et Artémis. Il est devenu guérisseur et avait le pouvoir d'accorder à chaque personne le savoir dont il avait besoin. Il fut le guide de nombreuses figures importantes, et en particulier Jason. Lors d'un coup du sort, Chiron a été blessé de façon accidentelle par Hercule, mais ne parvenant pas à mourir, il fut forcé de soigner ses blessures indéfiniment. Techniquement, en astronomie, Chiron est un « **planétoïde** » ; il tient une place importante en astrologie, où il est la clé entre les planètes intérieures et extérieures. Il vit dans l'espace entre l'esprit conscient et inconscient, réduisant l'écart entre nous en tant qu'individus et en tant qu'éléments de la masse.

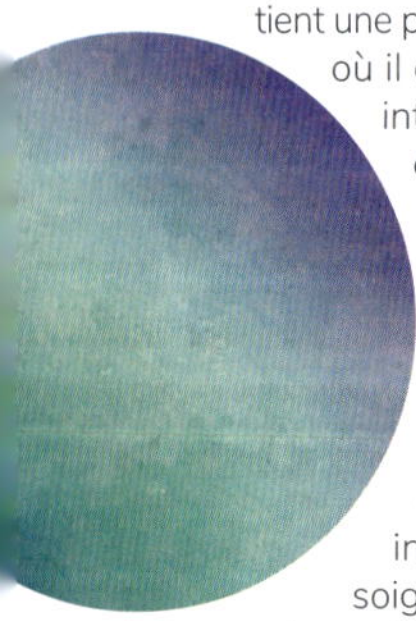

La position de Chiron dans votre thème astral indique le lieu où vous devez soigner une blessure récurrente. La maison dans laquelle il se trouve représente le domaine où vous vous sentez en particulier inadapté. Le signe indique comment cela se manifeste. Tandis que cette blessure ne pourra jamais être totalement guérie, vous pouvez mettre à profit les leçons apprises au fil du temps pour améliorer les autres domaines de votre vie.

Les aspects entre Chiron et les planètes extérieures dans votre thème astral indiquent où et quand vous pouvez aider votre communauté. Tout comme ce grand centaure qui a transmis aux autres le don de la connaissance qu'il avait reçu, vous aussi pouvez faire la différence si vous essayez.

Dans un tirage

Chiron apparaît lorsque nous avons le sentiment persistant de ne pas être à la hauteur. Vous possédez déjà l'outil dont vous avez besoin pour résoudre votre problème, vous devez simplement vous lancer dans une profonde introspection pour le trouver. Nous avons beau faire tous les efforts du monde, même la personne la plus accomplie d'entre nous porte en elle des traumatismes, où qu'elle aille. Ce qui importe c'est ce que l'on fait de ce traumatisme. Passez-vous votre temps à invectiver ceux qui vous entourent ? Ou concentrez-vous vos émotions à quelque chose de plus productif pour améliorer votre vie et celle du reste de votre communauté ?

L'astéroïde est porteur d'un équilibre délicat entre l'introspection (prendre soin de soi) et l'attention au monde extérieur (prendre soin des autres). Trop pencher dans une direction peut nous rendre trop complaisants et égoïstes, et dans une autre, nous pouvons nous sentir délaissés et épuisés. Il s'agit d'un des grands thèmes de l'existence dont nous faisons tous l'expérience à un moment donné.

MOTS-CLÉS : blessures, guérison, connaissances, cadeau, côté positif, espoir, désespoir, tristesse

Cérès

La mère

GLYPHE ASTROLOGIQUE : ⚳
SYMBOLES : grains, nature, saisons, maternité, pleine lune

En astrologie

Cérès est la figure maternelle ultime de la mythologie. Sa résolution inébranlable à sauver sa fille, Proserpine, des griffes de Pluton aux Enfers montre combien la détermination et les soins nourriciers vont de pair. Cérès a réussi à faire un pacte avec Pluton : laisser Proserpine revenir dans le royaume des vivants pendant la moitié de l'année. Cette période est représentée par les floraisons du printemps. Mais l'automne venu, lorsque sa fille doit retourner vers Pluton, Cérès se laisse envahir par la déprime et la colère, et tout commence à mourir autour de nous.

Le changement des saisons est une métaphore de la position de Cérès dans notre thème astral. Elle exprime à la fois nos propres tendances maternelles, mais également le thème des relations avec nos parents, qui peuvent être aimantes et tendres, comme profondément fracturées.

Notre façon d'aborder la santé, la fertilité et les changements de vie est déterminée par Cérès, tout comme nos réactions au traumatisme et au deuil. Lorsqu'elle est bien aspectée, nous prenons les choses comme elles viennent, et tout semble venir à nous naturellement ; dans le cas contraire, nous pouvons être possessifs, narcissiques et en manque d'affection.

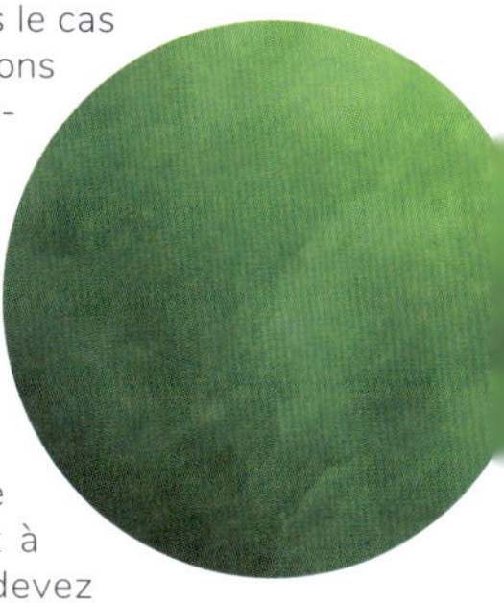

Dans un tirage

L'abondance règne dans votre vie à l'heure actuelle. Vos capacités à atteindre vos objectifs sont à leur apogée. Vous devez seulement rester concentré sur ce qui compte le plus pour vous. Ne laissez pas des distractions mineures s'interposer ou influencer vos décisions. Vous savez ce qui est le mieux pour vous, même si cela n'a aucun sens pour les autres.

Si vous traversez une période de déprime, faites de votre mieux pour apprécier la beauté du quotidien. Mangez des aliments nourrissants. Créez de belles œuvres d'art. Faites des promenades à pied et reconnectez-vous avec la nature. Passez du temps avec les êtres qui vous sont chers en faisant des choses qui comptent. Le côté matériel et les excès ne vous seront d'aucune utilité au moment présent. Évitez la frénésie émotionnelle !

Lorsque nous sommes enfants, nos parents sont censés prendre soin de nous. Ils doivent nous prendre dans leurs bras lorsque nous sommes tristes et nous nourrir quand nous avons faim. À un certain moment, nous endossons le rôle de nos parents pour nous-mêmes, et si vous éprouvez des difficultés, il est possible qu'une blessure de l'enfance vous empêche de le faire.

MOTS-CLÉS : éducation, abondance, amour inconditionnel, rage, chagrin, deuil, beauté

Junon

La partenaire

GLYPHE ASTROLOGIQUE : ⚵
SYMBOLES : perroquet, vache, couronne, lys, grenade

En astrologie

Après avoir été forcée d'épouser Jupiter, Junon a découvert qu'il n'était pas un excellent mari et qu'il était souvent infidèle. Elle concentra donc toute son énergie à restaurer leur relation. Lorsque cela a échoué, elle a commencé à punir tout le monde, excepté lui, dans une tentative malavisée de réparer ses torts envers elle.

Heureusement, les temps ont changé, et l'idée que les seuls couples possibles soient hétérosexuels ou des relations dans lesquelles les femmes appartiennent à leur mari est révolue. Faire changer les mœurs, voilà ce à quoi Junon excelle en astrologie. Son objectif consiste à trouver un équilibre et l'égalité pour que nous ne nous retrouvions pas dans des situations injustes.

Son énergie et sa position dans notre thème astral nous permettent d'imaginer notre relation idéale et de décider comment agir lorsqu'une relation satisfait nos besoins émotionnels et lorsque ce n'est pas le cas. Non seulement elle met l'accent sur nos liens affectifs, mais elle nous montre également ce que nous apportons en tant que partenaire.

Lorsque Junon est dans un aspect, une planète, un signe ou maison harmonieux, elle se sent soutenue et dévouée. Lorsqu'elle n'est pas en harmonie, elle manifeste ce besoin d'engagement de façon malsaine et destructrice.

Dans un tirage

Lorsque Junon apparaît dans un tirage, il est temps d'observer votre relation de couple et d'évaluer ce qui fonctionne bien et ce qui ne va pas. Assurez-vous de ne pas vous concentrer uniquement sur le passé de la relation, mais aussi sur son avenir.

Junon ne prend jamais de décision hâtive. Elle observe la situation sous tous les angles possibles. C'est le moment idéal pour dresser une liste des pour et des contre. Votre partenaire comble-t-il vos besoins ? Comblez-vous les siens ? Si votre partenaire cherche le calme et vous l'effervescence, comment allez-vous équilibrer vos désirs ?

Si vous n'avez pas de partenaire, c'est le moment idéal pour l'introspection : qu'avez-vous à apporter dans une relation, quelles limites voulez-vous fixer et avez-vous même l'envie de vivre une relation amoureuse ?

MOTS-CLÉS : engagement, confiance, égalité, soutien, coopération, infidélité, possessivité, jalousie, déséquilibre, oppression

Vesta

La gardienne

GLYPHE ASTROLOGIQUE : ⚶
SYMBOLES : feu, bougies, âne, cœur, bouilloire

En astrologie

Vesta est la déesse romaine du foyer et de la Terre. Celles qui lui vouent un culte sont des vierges nommées les Vestales. Avant de faire vœu de dévotion à la flamme, Vesta et ses sœurs furent avalées par leur père, craignant qu'elles usurpent son pouvoir. Une fois libérée, Vesta jura de ne plus jamais être piégée par un homme, fit vœu de chasteté et créa le foyer parfait à ses yeux.

En astrologie, Vesta représente un appel intérieur vers quelque chose de plus élevé. Nous avons tous la capacité d'être totalement dévoué. Cet astéroïde indique à quel domaine de notre thème astral cela correspond. Cela peut être extrêmement intime car nous craignons d'être contaminé par les pensées et sentiments d'autrui. Paradoxalement, cela peut nous rendre très critique et moralisateur envers les autres. Nous considérons que notre façon de faire est juste et considérons que tous ceux qui ne s'y conforment pas sont dans l'erreur.

Dans un tirage

Au moment présent, il est question de vous et de vous reconnecter à votre passion. Où est votre étincelle d'inspiration et comment pouvez-vous la transformer en feu ardent ? Parfois, nous éprouvons le besoin de créer, mais nous ne savons pas comment l'orienter de façon productive. Vesta nous accorde le don de concentration : tout se met en place et continuera de le faire tant que nous resterons fidèles à nos envies.

On vous demandera peut-être de renoncer à quelque chose pour obtenir ce que vous voulez. Qu'êtes-vous prêt à sacrifier ? Suivez votre instinct et votre intuition et le choix sera facile. Une fois que vous aurez pris votre décision, vous devrez lui accorder toute votre attention et aller jusqu'au bout.

MOTS-CLÉS : éducation, chaleur, concentration, dévotion, attention, sacrifice

Pallas-Athéna

La guerrière

GLYPHE ASTROLOGIQUE : ⚴
SYMBOLES : outils d'artisan, lance, bouclier, pinceau, or

En astrologie

Pallas-Athéna jaillit de la tête de Jupiter, armée d'une lance et d'un bouclier, au lieu de naître au sens plus traditionnel du terme. Non seulement elle était une puissante déesse de l'activisme politique, mais elle était également la patronne des arts et des artisans. Être courageux au combat ne signifie pas grand-chose à moins d'avoir une épée à brandir, et si cette épée est magnifique, c'est juste un bonus.

Pallas a montré à la société que l'intelligence était aussi une qualité féminine, dans un monde qui n'estimait que les stéréotypes masculins dans les domaines de la politique et de la diplomatie.

En astrologie, cet astéroïde courageux représente notre nature stratégique, notre engagement politique, le féminisme et la guerre. Elle ne se précipite pas dans des effusions de sang. Elle prévoit, médite et fait tout ce qui est en son pouvoir avant de recourir à la violence. Prendre une vie n'est fait qu'en cas d'absolue nécessité, pour le plus grand bien.

Dans un tirage

Lorsque Pallas apparaît dans un tirage, le moment est venu de concevoir un projet. Peser le pour et le contre d'une situation vous sera utile sur le long terme. L'acte physique consistant à écrire vos idées leur donne vie. Cela nous aide à avoir une vision d'ensemble. Souvent, nous ne pensons qu'à l'étape suivante, mais établir une stratégie globale nous aidera à assurer notre victoire.

Devenez un défenseur de votre communauté. Pallas n'est pas une énergie liée au « moi », mais au « nous ». Tout comme nous devons avoir une vision d'ensemble de notre situation personnelle, nous faisons également partie de cet ensemble qu'est la société. Vos amis et voisins ont peut-être des idées qui peuvent être utiles à tous.

MOTS-CLÉS : intelligence, créativité, sagesse, libération, diplomatie, entreprenant, trop critique

Lilith

L'ombre

GLYPHE ASTROLOGIQUE : ⚸
SYMBOLES : chouette, phase croissante de la lune, serpent, bâton, chat

En astrologie

Dans le folklore, Lilith a été créée pour être la première femme d'Adam dans le jardin d'Eden. Avec stupeur et consternation, Adam a découvert qu'elle était une personne à part entière, avec ses propres pensées et sentiments. Elle a refusé de se soumettre à lui. Elle est donc partie. C'est à ce stade que l'histoire s'est transformée en conte moral et où les femmes ont entrepris de mettre les hommes au pas.

Dans l'astrologie, Lilith est une créature aux multiples facettes, généralement incomprise. Elle est libre et animale, vengeresse, érotique et mystérieuse. Elle est puissante. Lilith possède quatre formes distinctes en astrologie, mais pour servir nos objectifs, elle prend la forme d'un astéroïde. Il s'agit de sa forme solide, son corps physique.

Dans le thème astral, Lilith nous montre les domaines dans lesquels nous ne sommes prêts à aucun compromis, et comment travailler sur notre colère refoulée. Elle représente une force de transformation qui peut être puissante lorsqu'elle est canalisée au profit de l'évolution personnelle.

Dans un tirage

Lorsque nous commençons à nous affirmer, nous sommes souvent confrontés à un retour de bâton et à un châtiment. Lilith nous demande de ne pas céder. Continuez d'aller de l'avant. En fait, vous avez la capacité de détruire ceux qui continuent de vous opprimer.

Faites appel à cette puissante figure de la féminité lorsque vous sentez que vous n'avez plus assez de force. Parfois, être fort consiste simplement à s'éloigner de gens que l'on est censés aimer selon les autres, ou d'objectifs et d'attentes que d'autres ont fixés pour nous.

MOTS-CLÉS : ombre, obscurité, puissance, égalité, mystère, liberté, vengeance

Hygie

La purificatrice

GLYPHE ASTROLOGIQUE : ⯚
SYMBOLES : plantes médicinales, balai, serpent, citron, encens

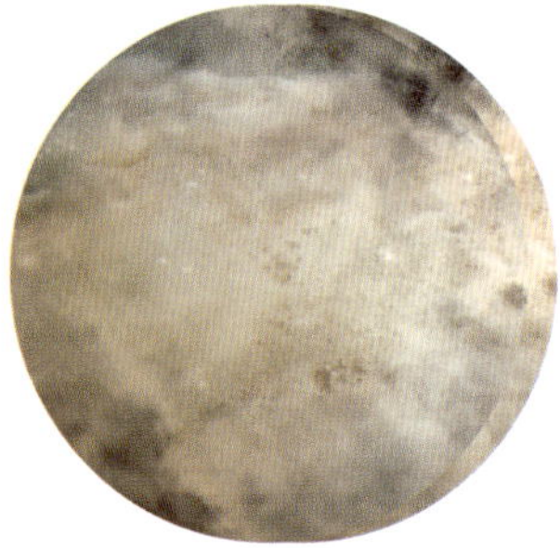

En astrologie

Dans certaines mythologies, Hygie est la fille d'Asclépios, le dieu de la médecine, dont elle a hérité. Elle s'attache à la pureté de la médecine, d'où elle tire son nom, dérivé d'« hygiène ». Elle est considérée comme une déesse mineure. Nous pouvons donc établir un parallèle avec la façon dont nous traitons notre corps, ne lui prêtant attention que lorsqu'il cesse de fonctionner normalement.

En astrologie, cet astéroïde est le défenseur de la santé. Hygie gouverne nos problèmes de santé, nos habitudes alimentaires et sportives, et la façon dont nous interagissons avec notre environnement. Elle nous rappelle à l'ordre lorsque nous négligeons la partie la plus importante de notre corps : notre cerveau. La santé mentale est souvent négligée et stigmatisée, et cela a le don d'agacer Hygie.

Dans un tirage

L'apparition d'Hygie signifie que le moment est venu de faire un grand nettoyage de printemps dans votre esprit, dans votre corps et dans votre espace de vie. Un changement d'attitude est nécessaire au regard de la santé et de la condition physique. Nous ne pouvons tourner à vide pendant très longtemps avant d'être frappés par une maladie.

Si vous avez été confronté à des problèmes de santé, Hygie peut symboliser votre demande d'aide. Si les approches holistiques n'ont pas été efficaces, il est peut-être temps de vous tourner vers la médecine traditionnelle, et vice versa. Consultez votre médecin et voyez quelles solutions vous pouvez trouver ensemble.

Comme tous les éléments de l'astrologie, Hygie peut se laisser emporter et devenir hypocondriaque ou nous faire plus de mal que de bien. Si vous êtes confronté à des problèmes de santé, observez la position de cet astéroïde pour vous faire une nouvelle opinion.

MOTS-CLÉS : guérison, nettoyage, hygiène, médecine

Éris

La destructrice

GLYPHE ASTROLOGIQUE : ⯰
SYMBOLES : le chiffre trois, dague, vipère, torche, pomme d'or

En astrologie

C'est la jalousie d'Éris qui a déclenché la célèbre guerre de Troie. Furieuse de ne pas avoir été invitée aux noces de Thétis et Pélée, la déesse se déchaîna de façon hystérique, encourageant les hommes à se battre, ce qui dégénéra en folie généralisée. Cette réaction excessive de sa part montre qu'elle était à la hauteur de sa réputation de déesse malveillante et mesquine.

Éris préside à la rétribution karmique, même si son jugement n'est pas toujours juste. En pensant à cette déesse, nous devons reconnaître l'adage « œil pour œil, dent pour dent ». Sa rébellion n'est manifestement pas aussi légère que celle d'Uranus.

Dans un thème natal, considérez-la comme un miroir intérieur. Ses transits étant extrêmement lents, tous les gens avec qui vous entrerez en contact pendant les siècles à venir seront nés sous le même signe d'Éris : le Bélier. Cela signifie que la maison dans laquelle se trouve cet astéroïde devient prioritaire. La maison dans laquelle se trouve Éris contient les traits que nous détestons le plus en nous, et bien trop souvent, nous les attribuons aux autres. Nous pouvons nous rebeller contre ces traits, mais ils resteront présents.

Dans un tirage

Vous sentez-vous jaloux ou en colère ? Ce sont de saines émotions, mais ne les laissez pas vous consumer totalement, ou vous risquez de ne pas être à la fête. Sur le moment, vous pouvez éprouver une certaine satisfaction en vous déchaînant contre les autres, mais si vous canalisez cette colère vers quelque chose de plus productif, vous obtiendrez de bien meilleurs résultats.

Éris peut aussi mettre l'accent sur un traumatisme transgénérationnel et effet de celui-ci dans notre vie quotidienne. Nous portons en nous le stress de nos ancêtres, ce qui détermine nos réactions à certains éléments déclencheurs au niveau cellulaire. Ces traumatismes peuvent se situer au niveau familial ou, plus généralement, sociétal. Gardez à l'esprit que ce que vous éprouvez est tout à fait légitime.

MOTS-CLÉS : colère, conflits, amertume, karma, vengeance, réflexion

Psyché

La déesse

GLYPHE ASTROLOGIQUE :
SYMBOLES : roses, poésie, fleurs sauvages, papillon

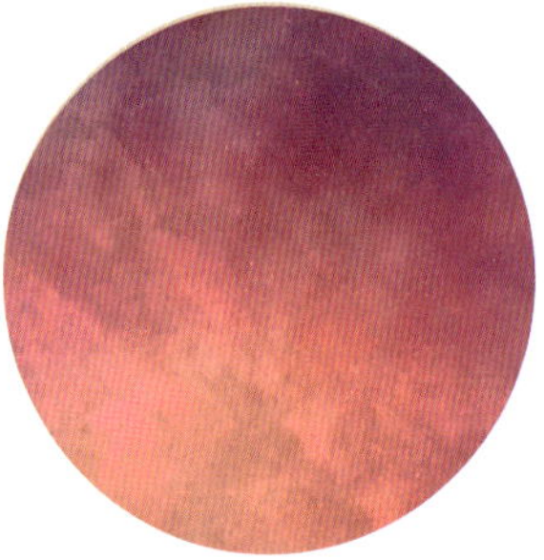

En astrologie

Psyché était une mortelle qui est devenue la déesse de l'âme après son mariage avec Éros. On disait qu'elle était d'une si grande beauté qu'elle avait rendu furieuse Aphrodite, la mère d'Éros. Aphrodite était si jalouse qu'elle frappa la terre d'une malédiction, et dit que la seule façon d'y mettre un terme était de sacrifier Psyché à un monstre. Lorsque son plan échoua, Aphrodite soumit Psyché à toutes sortes d'épreuves.La dernière d'entre elles plongea cette dernière dans un profond sommeil, proche de la mort. Cupidon fit appel à Zeus, qui rendit Psyché immortelle de sorte qu'Éros et elle puissent être ensemble à tout jamais. C'est l'un des rares mythes grecs ayant une fin heureuse.

D'un point de vue astrologique, Psyché représente nos facultés psychiques et notre sensibilité à ceux qui nous entourent. Ayant vécu en tant que mortelle et en tant que déesse, elle a une profonde compréhension de ce qui se passe dans notre esprit et dans notre âme. La position de Psyché dans notre thème astral détermine notre façon de chercher l'âme sœur.

Dans un tirage

Psyché met l'accent sur les attentes d'autrui vis-à-vis de vous. Qui vous êtes et comment vous devriez vous comporter deviennent soudainement des sujets de conversation. Votre côté emphatique peut intérioriser cela, mais comme dit l'adage : « L'opinion que les autres ont de vous ne vous regarde pas. »

Votre intuition est décuplée en ce moment. C'est comme si vous ressentiez les émotions de tous ceux qui vous entourent. Vous avez le don de la sensibilité et cela vous permet de transformer même les pires sentiments en beauté et choses positives. Montrez l'exemple et prouvez ainsi que la gentillesse permet d'aller plus loin que la méchanceté.

MOTS-CLÉS : passion, empathie, sensibilité, éveil spirituel, beauté, gentillesse

Éros

L'amant

GLYPHE ASTROLOGIQUE : ♡

SYMBOLES : flèche, cygne, colombe, yeux bandés, bougie, cœur

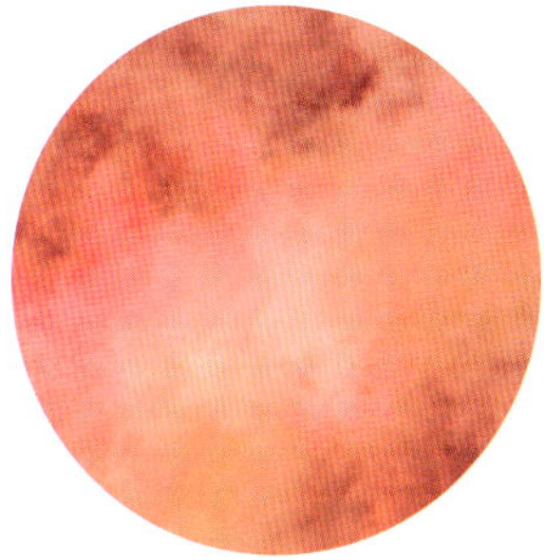

En astrologie

Éros est le dieu de l'amour charnel et de la passion. Sa mère lui avait donné pour tâche de placer une malédiction sur Psyché. Mais il tomba instantanément amoureux de sa beauté et de sa nature bienveillante.

En astrologie, Éros représente le lieu où le désir romantique et l'énergie passionnée entrent en jeu. Dans votre thème astral, Éros indique ce qui vous fait chavirer, non seulement sexuellement, mais aussi dans la vie. Considérez cet astéroïde comme un mélange des énergies de Vénus et de Mars.

Accompagné de Psyché, Éros peut être employé dans les tirages de synastries (étude de compatibilité de couple en astrologie) pour mieux comprendre les dynamiques d'une relation. La passion peut être stimulante et merveilleuse si les deux personnes l'éprouvent, mais être destructrice si elle est unilatérale.

Dans un tirage

Dans un tirage, Éros indique nos désirs inconscients sur ce que nous recherchons chez un partenaire. Si vous êtes célibataire, son apparition peut signaler que vous êtes prêt à vous engager. Si vous êtes en couple, vous avez peut-être besoin de consacrer davantage de temps à votre partenaire et de vous reconnecter à un niveau spirituel et sexuel.

Éros nous demande également de chercher profondément en nous-mêmes pour trouver notre passion. Il peut s'agir de l'amour, d'une vocation de guérisseur, de sports, etc. Ce qui compte, c'est d'enflammer votre âme. Cet astéroïde veut que vous réalisiez vos rêves, car ils sont ce qui nous permet d'aller de l'avant.

MOTS-CLÉS : histoire d'amour, désir, passion, sexualité, amour, mélange d'énergies

GLOSSAIRE

Angles : divisions dans le thème astral qui représentent chacun un point majeur du thème : l'ascendant, le descendant, le Milieu du Ciel et le Fond du Ciel.

Ascendant (signe ascendant) : le signe du zodiaque qui se trouve à la conjonction de votre première maison et l'un des quatre angles. Également appelé « signe ascendant ».

Aspects : les angles mathématiques entre deux planètes dans votre thème astral.

Astéroïdes : corps célestes mineurs qui ne sont pas des planètes et se déplacent à travers les douze signes du zodiaque et les douze maisons.

Conjonction : le commencement d'une maison.

Corps céleste : un objet naturel situé dans l'espace, en dehors de l'atmosphère terrestre.

Degrés : la position d'une planète dans un signe et une maison. Chaque signe et chaque maison comportent trente degrés et commencent à zéro.

Descendant : le signe du zodiaque situé à la conjonction de la septième maison. Il est l'opposé de l'Ascendant et montre ce qui nous attire chez les autres.

Éléments : les quatre clés de voûte de la vie : feu, terre, air et eau. Chaque signe du zodiaque, chaque planète et chaque maison comportent l'énergie d'un des éléments.

- **Feu** : représente l'aspect spirituel de la vie.
- **Terre** : représente l'aspect matériel de la vie.
- **Air** : représente l'aspect intellectuel de la vie.
- **Eau** : représente l'aspect émotionnel de la vie.

Fond du Ciel (FC) : le signe du zodiaque situé à la conjonction de la quatrième maison. Il est le lieu où nous développons notre vie privée.

Glyphe : le symbole visuel de chaque corps céleste et chaque signe du zodiaque.

Maisons : les douze parties du thème astral qui représentent les différents domaines de l'existence. Les planètes traversent les douze maisons.

- **Maisons de la vie professionnelle** : représentent l'argent, la routine et la carrière. Il s'agit des deuxième, sixième et dixième maisons.
- **Maisons de la vie sociale** : représentent les relations. Il s'agit des troisième, septième et onzième maisons.

- **Maisons de la vie créative** : représentent nos passions et notre intérêt pour l'apprentissage. Il s'agit des première, cinquième et neuvième maisons.
- **Maisons de la vie émotionnelle** : représentent notre enfance, notre évolution émotionnelle et notre santé mentale. Il s'agit des quatrième, huitième et douzième maisons.

Marche directe : lorsqu'une planète traverse un signe en marche avant.

Milieu du Ciel (MC) : le signe du zodiaque situé à la conjonction de la dixième maison. C'est le lieu de notre carrière.

Modes (Modalités) : les trois manières dont l'énergie s'exprime dans le zodiaque : cardinal, fixe et mutable.

- **Cardinal :** le premier mode, une énergie initiatrices qui commence quelque chose. Les signes cardinaux sont le Bélier, le Cancer, la Balance et le Capricorne.
- **Fixe :** le second mode : une énergie obstinée et rigide. Les signes fixes sont le Taureau, le Lion, le Scorpion et le Verseau.
- **Mutable :** le troisième mode, une énergie adaptable. Les signes mutables sont les Gémeaux, la Vierge, le Sagittaire et les Poissons.

Planète : corps céleste qui traverse les douze signes du zodiaque. Le Soleil et la Lune sont considérés comme des planètes en astrologie.

Planètes extérieures : le groupe de planètes qui sont considérées comme générationnelles, composées d'Uranus, Neptune et Pluton.

Planètes intérieures : le groupe de planètes considérées comme personnelles, comprenant le Soleil, la Lune, Mercure, Vénus, Mars, Jupiter et Saturne.

Polarité : les deux groupes qui divisent en deux les signes du zodiaque : masculin et féminin.

Rétrograde : lorsqu'une planète traverse les signes en marche arrière.

Signes (signes du zodiaque) : Les douze signes du zodiaque traditionnel.

Signe lunaire : le signe du zodiaque dans lequel la Lune transitait au moment de votre naissance.

Signe solaire : le signe du zodiaque qui est déterminé par la date de votre naissance.

Stellium : lorsqu'il y a plus de quatre planètes dans un signe ou une maison.

Thème astral : la carte de la position des planètes à l'heure exacte de votre naissance. On parle également de « thème de naissance ».

Transit : le mouvement d'une planète ou d'un astéroïde à travers les signes du zodiaque et des maisons.

Trois piliers : l'association puissante des trois principales composantes de votre thème astral : le signe solaire, le signe lunaire et l'ascendant.

ISBN : 978-2-412-07938-6
Dépôt légal : mai 2022
Imprimé en Chine

Direction éditoriale : Marie-Anne Jost-Kotik
Responsable éditoriale : Aline Sibony
Édition : Lisa Marie
Traduit par de l'anglais par Véronique Gourdon
Correction : Natacha Dimakopoulos
Mise en pages : KN Conception

Éditions First, un département d'Édi8
92, avenue de France
75013 - Paris
Tél. : 01 44 16 09 00
Fax : 01 44 16 09 01
firstinfo@efirst.com
www.editionsfirst.fr